ÉDOUARD DE LALAING

HISTOIRE
DES PLUS
CÉLÈBRES PEINTRES
DE
L'ÉCOLE HOLLANDAISE
AU XVIIe SIÈCLE

LIBRAIRIE DE J. LEFORT
IMPRIMEUR ÉDITEUR

LILLE   PARIS

rue Charles de Muyssart, 24   rue des Saints-Pères, 30

HISTOIRE

DES PLUS

CÉLÈBRES PEINTRES

DE L'ÉCOLE HOLLANDAISE

In-8°. 2ᵉ série.

REMBRANDT

ÉDOUARD DE LALAING

HISTOIRE
DES PLUS
CÉLÈBRES PEINTRES
DE
L'ÉCOLE HOLLANDAISE
AU XVIIe SIÈCLE

LIBRAIRIE DE J. LEFORT

IMPRIMEUR, ÉDITEUR

LILLE | PARIS

rue Charles de Muyssart, 24 | rue des Saints-Pères, 30

Tous droits réservés.

INTRODUCTION

Une liberté conquise au prix des plus héroïques efforts devait naturellement imprimer à l'école hollandaise le caractère qui lui est propre.

Une fois affranchies du joug de l'Espagnol, les sept provinces unies eurent leur peinture et répudièrent le style étranger.

Profondément affectionnés à leur patrie nouvelle qu'ils venaient de disputer aux armées de Philippe II et d'arracher à l'inquisition, les Hollandais y ont concentré tous les talents que la liberté fait éclore.

« La vie de famille, dit Charles Blanc dans son Histoire des peintres, *favorisée par les intempéries d'un climat sombre et monotone, a créé ces innombrables et charmants tableaux de genre qui ont à jamais illustré la peinture Batave.* »

La gloire de la Hollande est d'avoir mis au jour le diamant qui s'appelle l'art, sous ses faces les plus brillantes, les plus caractéristiques, et d'être devenue une des trois écoles, que personnifient dans l'histoire **Phidias, Léonard de Vinci** et **Rembrandt.**

PREMIÈRE SÉRIE

REMBRANDT
ET SES ÉLÈVES

JEAN LIEVENS

FERDINAND BOL — GÉRARD DOW

GEWAERT FLINCK — GERBRAND VAN DEN EICKHOUT

SAMUEL VAN HOOGSTRATEN

NICOLAS MAAS

REMBRANDT

1606 — 1674

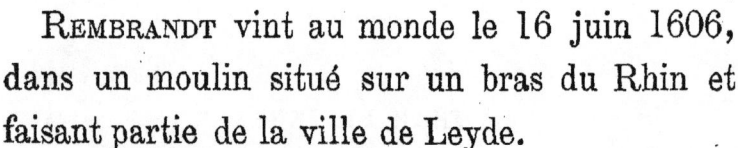

Rembrandt vint au monde le 16 juin 1606, dans un moulin situé sur un bras du Rhin et faisant partie de la ville de Leyde.

Son père, Herman Gerritoz, meunier de son état, était plus connu dans le pays sous le prénom de Van Ryn (du Rhin).

Sa mère, Cornélie van Zuitbroock, choisit elle-même son nom de baptême, et lui donna celui de Rembrandt.

Les parents du futur artiste, ayant rêvé de faire de leur fils un savant, l'envoyèrent de bonne heure à l'université de Leyde, où il se livra d'abord à l'étude des lettres, pour lesquelles il n'avait, du reste, aucune disposition, tandis qu'au contraire, il montrait un goût décidé pour le dessin et la peinture.

Cette vocation irrésistible contraria d'abord Van Ryn, qui, de guerre lasse, cédant aux instances du jeune garçon, lui permit d'entrer, comme élève, dans l'atelier d'un peintre nommé Van Swamburg, où il resta trois ans.

Cela est affirmé par Sandrart, son contemporain, et cependant Lieven lui donne pour premier maître G. Schooten, tandis que l'historien Houbraken prétend qu'il prit ses premières leçons chez Pierre Lastman.

Ce qu'il y a de certain, c'est qu'après avoir passé plusieurs années chez Swamburg, il alla travailler dans l'atelier de J. Pinas, dont il prit la manière qui devait l'immortaliser, l'originalité du génie se ressentant souvent chez les artistes des premières impressions qu'ils ont ressenties au début de leur carrière.

Au surplus, il n'est pas étonnant que plusieurs artistes se soient disputé l'honneur d'avoir été le premier maître d'un homme devenu célèbre.

Ses études une fois terminées, Rembrandt, retiré dans un coin du moulin de son père, peignait pour sa propre satisfaction et sans se douter qu'il avait déjà du talent; il admirait la nature, et ne songeait guère à s'admirer lui-même.

Néanmoins, quelques connaisseurs qui fréquentaient la maison de Van Ryn, avaient remarqué les productions du jeune homme, et comme, à cette époque en Hollande, l'art était en grand honneur, ils lui conseillèrent de porter une de ses toiles à Luttaye, et de la soumettre à un riche amateur, chez lequel, lui assurèrent-ils, il ne pouvait manquer d'être bien reçu.

Rembrandt se laissa persuader; il se rendit chez la personne en question, et fut agréablement surpris quand on lui offrit cent florins de son tableau.

« Cette somme de cent florins, dit l'historien Decamps, faillit faire tourner la tête au jeune artiste; il avait entrepris son voyage à pied, mais pour arriver plus promptement chez lui et faire part à son père d'une si grande fortune, il se mit dans le chariot de poste et évita par là le sort du Corrège (1). »

Tous les voyageurs mirent pied à terre quand

(1) Corrège, ayant reçu la somme de deux cents écus en monnaie de cuivre pour prix d'un tableau, porta lui-même ce lourd fardeau l'espace de douze milles, pendant une grande chaleur, et gagna une pleurésie, dont il mourut à l'âge de quarante ans.

on arriva à la dînée. Rembrandt seul ne descendit pas de la voiture; inquiet de son trésor, il ne voulut pas s'exposer à le perdre. Le garçon d'auberge, ayant retiré l'auge dans laquelle il avait donné l'avoine aux chevaux non dételés, ceux-ci s'emportèrent sans qu'on put les arrêter, et, continuant leur route au galop, ils arrivèrent en peu de temps à Leyde, où ils entrèrent dans l'auberge ordinaire, à la grande joie du jeune artiste, qui, un instant, s'était cru perdu.

Ce succès inespéré, qui se traduisait en belles et bonnes pièces d'or, fit naître dans ce cœur de vingt-cinq ans une passion nouvelle, le désir d'amasser beaucoup d'argent. Pour mieux exploiter sa réputation naissante, il abandonna, en 1630, le moulin de son père, pour aller s'établir à Amsterdam ; et, pour se faire connaître, pour affirmer sa personnalité dans cette grande ville, il se peignit dans toutes sortes de costumes et de poses; tantôt couvert d'un riche manteau et d'une toque de velours, tantôt portant un oiseau de proie, tantôt avec une fraise à dentelles plissées ; quelquefois enfin nu-tête et les cheveux hérissés.

« A cette époque, dit Charles Blanc, c'était

un homme tout à la fois robuste et fin; son front spacieux, légèrement bombé, présentait les développements qui annoncent l'imagination. Il avait de petits yeux, enfoncés, vifs, intelligents, pleins de feu; sa chevelure, abondante, d'un ton chaud, tirant sur le roux et naturellement frisée, trahissait en lui jusqu'à l'évidence le type juif. Sa tête avait beaucoup de physionomie, en dépit de sa laideur; un nez gros, épaté, des pommettes saillantes, un teint couperosé imprimaient à sa figure une vulgarité que relevaient heureusement le dessin de la bouche, le mouvement fin des sourcils et l'éclair des yeux.

Une fois connu de tout le monde, Rembrandt ouvrit une école dont sont sortis des élèves qui tous lui firent honneur et dont nous parlerons plus tard.

Quatre ans après son établissement à Amsterdam, le 22 juin 1634, le fils du meunier Van Ryn se maria avec une femme appartenant à une famille riche et considérable de la Frise.

Le père de cette demoiselle qui avait nom Saskia, Robertus van Oilersborg, était bourgmestre de la ville de Leuwarden, et devint, en 1597, conseiller à la cour de sa province.

Saskia mourut en 1642, laissant à son mari un fils nommé Titus.

« Par son testament, rapporte Charles Blanc, elle instituait cet enfant, alors âgé d'un an, son légataire universel, sous la condition que Rembrandt, jusqu'à conclusion d'un second mariage, et sinon sa vie durant, aurait la pleine jouissance et usufruit de ce qu'elle laissait ; et cela, sans que l'usufruitier eût à fournir caution ou à dresser un inventaire des biens qui lui étaient laissés. Une seule charge était imposée au légataire, celle de donner à Titus une éducation convenable et de pourvoir à ses besoins. »

La nouvelle alliance prévue par la fille du bourgmestre Robertus van Oilersborg se concluait en 1656.

Par un genre de contradiction inexplicable, Rembrandt, qu'on accusait d'avarice, épousait cette fois une jeune fille sans fortune, jolie paysanne du village de Ransdorp en Waverland.

En 1656, Rembrandt fut donc forcé d'abandonner à son fils toutes les propriétés immobilières, comme représentation de la fortune de sa mère, et de laisser procéder à la vente publique des objets qui lui appartenaient.

Cet artiste, soi-disant avare, avait dépensé une partie de la fortune de sa première femme à acheter des objets d'art de tout genre : tableaux, estampes des maîtres italiens et allemands, marbres antiques, meubles rares et précieux.

« Cet inventaire, dit encore l'auteur des *Peintres de toutes les écoles*, est une éloquente réfutation des biographes qui ont représenté Rembrandt comme un avare, capable de toutes les bassesses pour amasser de l'or. »

Oui, nous l'avons dit en commençant, cet artiste désirait gagner de l'argent, mais c'était uniquement pour en faire un noble usage; et par la nature des richesses dont il aimait à s'entourer, on comprendra facilement à quelles dépenses il dut se laisser entraîner, et comment il devint insolvable à force d'aimer les belles choses.

Une des preuves que Rembrandt n'avait pas épousé sa première femme à cause de sa dot et pour sortir de l'état de gêne, où certains biographes ont supposé qu'il se trouvait à cette époque, c'est qu'il est avéré qu'avant son mariage avec Saskia, sa fortune était déjà considérable; son atelier, rempli d'élèves, lui valait des sommes énormes. Sandrart nous apprend que chacun de ses élèves ne lui payait pas moins de cent florins par an, émolument auquel il ajoutait le produit d'un grand nombre de copies retouchées par le maître et vendues par lui comme des originaux. Ce commerce lucratif lui rapportait, assure-t-on, jusqu'à deux mille cinq cents florins, année courante.

On a été jusqu'à dire qu'il inventait sans cesse de nouveaux moyens pour se procurer un gain plus considérable ; qu'il chargeait son fils de vendre ses estampes et ses dessins dont on faisait le plus grand cas, et exigeait qu'il feignît de les lui avoir dérobés.

D'intelligence avec sa femme qui partageait son avarice, il s'avisa un jour, a-t-on raconté, de quitter Amsterdam et de se faire passer pour mort, afin de forcer les amateurs à venir acheter ses ouvrages dont le prix fut bientôt quadruplé.

Ces différents racontars sont tout simplement de la haute fantaisie, et voilà comment s'exprime, au sujet de l'artiste indignement calomnié, M. Frédéric Vitot, dans sa notice des tableaux exposés dans les galeries du Louvre.

« Les contes absurdes, les accusations calomnieuses que les biographes s'empressent trop souvent d'accueillir et de répéter, n'ont pas fait défaut à la mémoire de Rembrandt; des écrivains, qui se copient tour à tour, l'ont cité comme un modèle d'avarice et de cupidité. Des documents authentiques font justice de cette odieuse accusation. La vérité est que Rembrandt, qui a eu en sa possession des sommes considérables, termina ses jours dans la plus grande misère, et que les collections qu'il avait réunies avec tant de soin, furent vendues à la criée par autorité de justice, par Haring le jeune, priseur-juré dont il avait fait le portrait. »

Aussi, quel dut être son chagrin quand il fut forcé de se séparer des merveilles au milieu desquelles il avait vécu si longtemps !

Cet homme, qu'on a représenté comme se nourrissant par économie de harengs salés et de fromage, savait du moins dépenser l'argent qu'il amassait d'une manière digne d'un grand artiste, n'ayant pas des goûts exclusifs; car, chez lui, à côté des tableaux hollandais d'Adrian Brouwer, d'Hercule Seghers, de Persellis, de Lastman et de Pinas, de Van Eyck, du flamand Quentin Metzis, se trouvaient des tableaux de Raphaël, du Gorgione, de Palma le Vieux, et jusqu'à des copies d'Annibal Carrache, des bustes antiques, des dessins des plus fameux maîtres de toutes les écoles, des estampes d'après Raphaël, le Titien, Rubens, et enfin les œuvres gravées de Lucas de Leyde, Albert Durer, Montagna, Marc-Antoine, le Carrache, le Guide, etc., etc....

Ayant abandonné à ses créanciers jusqu'aux moindres objets à son usage, il se retira dans le *Roogracht*, un des plus pauvres quartiers d'Amsterdam, où il acheva sa vie dans un laborieux isolement.

On a prétendu que, devenu pauvre, il avait quitté la Hollande ; c'est une erreur. Il ne quitta pas son pays, et c'est là qu'il exécuta les surprenants tableaux qui caractérisent son génie. Au nombre de ces dernières toiles, il faut citer, en première ligne, celle représentant *les Syndics de la corporation des drapiers d'Amsterdam*.

En 1632, à l'âge de vingt-quatre ans, il avait peint la *Leçon d'anatomie* du docteur Tulp, tableau fameux qui suffirait à placer son auteur au premier rang des peintres hollandais.

Le professeur, le chapeau sur la tête devant ses élèves découverts, tient du bout de ses pinces les muscles fléchisseurs de la main d'un cadavre étendu devant lui et vu en raccourci ; il en explique le jeu mécanique, mais pendant qu'il parle et instrumente avec l'indifférence d'un anatomiste cuirassé contre les émotions de l'amphithéâtre, les sept auditeurs qui l'environnent semblent exprimer, par leurs gestes, leurs regards et les plis de leur front, les diverses manières d'écouter un enseignement.

On a souvent gratifié de chefs-d'œuvre des tableaux qui ne valent assurément pas la *Leçon d'anatomie*.

« Les deux préoccupations dominantes de Rembrandt, dit Ch. Blanc, étaient d'éclaircir le corps et d'exprimer l'âme. De tous les phénomènes de la nature, celui qui le tourmentait le plus était la lumière ; de toutes les difficultés de la peinture, celle qu'il voulait vaincre avant les autres, c'était l'expression.

» Les sujets qui traversent le cerveau de Rembrandt, qu'ils soient tirés d'un passage des livres saints ou empruntés aux romans de fantaisie qu'il invente, il leur fait subir toutes les gradations de la lumière et de l'ombre, et si le soleil lui refuse son concours, il allume lui-même des flambeaux. »

On rapporte que, lorsqu'il faisait un portrait, la personne qui posait devant lui devait subir les interminables indécisions du peintre sur le choix de la pose et sur le costume à adopter.

Il est vrai qu'elle en était largement dédommagée par la ressemblance, comme aussi fort heureuse si elle n'avait pas eu à essuyer, de la part du plus fantasque des peintres, quelque boutade extravagante.

Un jour qu'il s'occupait à peindre une noble famille dans un groupe, on vint lui annoncer la mort d'un singe qu'il aimait beaucoup. Il lui prit aussitôt la fantaisie de reproduire cet animal sur le devant même du tableau, et, malgré le mécontentement des personnes à qui ce singulier caprice paraissait une offense, il aima mieux remporter chez lui son ouvrage que d'en effacer la figure du singe.

Rembrandt, a-t-on répété souvent, dessinait imparfaitement ; il est incontestable qu'il n'a pas dessiné avec la parfaite correction qu'enseigne la tradition classique ; mais s'il n'a pas su reproduire les belles proportions dont l'antique, dans le nu, a déterminé les contours, il y a néanmoins, dans sa manière de dessiner, des qualités essentielles : l'expression et la perspective.

« Peut-être même, dit Paillot de Montabert dans son *Traité complet de la peinture*, était-il supérieur dans le sentiment naturel à Jules Romain et à Annibal Carrache. L'étonnement, par exemple, fut-il jamais mieux exprimé que dans la *Résurrection de Lazare?*

» La foi, la tendresse, l'incrédulité, l'épouvante, chacune de ces nuances peut se lire dans l'étonnement des figures qui reculent, avancent ou demeurent pétrifiées, quand, au signal de Jésus, le cadavre sort livide et vivant de son tombeau.

» Quel peintre fit mieux sentir l'indulgence paternelle, le repentir et la componction d'un fils, que ne l'a fait Rembrandt dans son eau-forte de *l'Enfant prodigue?* »

La peinture ne fit pas seule l'immense réputation de ce grand artiste.

Pour connaître et apprécier Rembrandt, il ne suffit pas d'avoir admiré les tableaux et les portraits où il a montré l'excellence de son génie; il faut avoir vu et étudié ses immortelles eaux-fortes qui le firent connaître dans le monde entier.

« Des marchands, rapporte Charles Blanc,

venaient du fond de l'Italie lui offrir de lui payer ses épreuves de marque au poids de l'or. La porte de son atelier était close aux visiteurs; il tenait à faire croire qu'il était en possession de secrets merveilleux, et espérait que la moindre estampe sortie du mystérieux laboratoire où personne ne pénétrait, aurait un plus grand prix pour les amateurs. »

A l'époque où il était devenu insolvable, ses goûts, dit Houbraken, lui faisaient rechercher de préférence la compagnie des gens du peuple; et comme on le lui reprochait un jour, il répondit :

« Quand je veux me délasser de mes travaux, je ne cherche pas les grandeurs qui me gênent, mais la liberté. »

Cependant, le farouche humoriste, comme l'appelle Robert Graham dans sa *Vie des Peintres,* avait conservé des amis dans les classes privilégiées : le professeur Tulp, Renier Ausloo, ministre anabaptiste dont il partageait les croyances; le vieux Haring, le grand amateur d'estampes; Abraham France, le fameux orfèvre; Janus Jutma, et enfin le plus intime de ses amis, le bourgmestre Six; tous personnages qu'il se plut à rendre célèbres par son merveilleux burin.

Quand Jean Six, que nous venons de citer, n'était encore que secrétaire de la ville d'Amsterdam, il avait composé une tragédie de *Médée;* Rembrandt, pour illustrer la pièce de son ami, grava l'admirable estampe du *Mariage de Jason,* qui semble créé par la baguette d'un enchanteur. On y voit un temple resplendissant de lumière; un sanctuaire où fume l'encens des faux dieux, mais accidenté de rayons et d'ombres. Sur les marches d'un escalier qui paraît aboutir aux coulisses d'un théâtre, sort de l'obscurité une actrice richement vêtue comme une reine de Perse; là se trouve la statue de Junon, qui, suivant qu'elle était couronnée ou sans couronne, donnait plus ou moins de prix aux épreuves de l'estampe.

Le portrait qu'il fit du bourgmestre Six passe pour un véritable chef-d'œuvre. Il est représenté debout, adossé à une fenêtre d'où vient le jour et occupé à lire un livre dont les reflets éclairent seuls son visage. Ce portrait est gravé d'une pointe tellement fine que le travail du graveur ressemble plutôt à un vigoureux dessin à l'encre de Chine qu'à une morsure du cuivre.

Une épreuve de ce portrait que possède la bibliothèque de Vienne a été payée, en 1782, au dire de Charles Blanc, 500 florins d'Allemagne.

Rembrandt ne grava pas que des portraits; on a de lui quelques paysages qui attestent qu'il pouvait aborder tous les genres et exceller dans chacun d'eux.

Gersaint raconte, à propos de la facilité avec laquelle il dessinait le paysage, une aventure assez curieuse :

« Un jour que Rembrandt se trouvait à la campagne du bourgmestre Six, un valet vint avertir le maître de la maison que le dîner était servi.

» Au moment où les convives allaient se mettre à table, ils s'aperçurent qu'il n'y avait pas de moutarde.

» Le bourgmestre, vivement contrarié, ordonna à un valet d'aller en chercher promptement dans le village.

» Rembrandt, qui connaissait la lenteur ordinaire dudit valet, paria, avec son ami Six, qu'il graverait une planche avant que ce domestique fût revenu.

» La gageure fut acceptée, et comme notre artiste avait toujours des planches toujours prêtes, il en prit une et grava dessus le paysage qui se voyait du dedans de la salle où ils étaient.

» En effet, la planche fut achevée avant le retour de l'envoyé, et Rembrandt gagna son pari. »

Il est incontestable que Rembrandt fut un grand peintre ; mais l'ignorance absolue du costume historique et l'habitude de copier fidèlement la nature dans un pays où elle n'est pas exempte de trivialité, se font sentir jusque dans les tableaux où il a déployé le plus de talent; comme, par exemple, *l'Ange Raphaël et Tobie* peint en 1637, *les Deux Philosophes* portant la date de 1638, *le Samaritain* celle de 1640, et *les Pèlerins d'Emmaüs* celle de 1648.

Il avait dans son atelier de vieilles armures, de vieux instruments, d'anciennes étoffes ouvragées, et il disait ironiquement que c'étaient là ses antiques. Mais par combien de qualités supérieures ne balançait-il pas ces défauts de goût. Rembrandt est souvent comparable aux maîtres de l'école vénitienne par la fraîcheur des carnations.

Sa touche lui est si personnelle, que l'œil le

moins exercé peut la reconnaître; fine et fondue dans quelques-uns de ses tableaux, elle est le plus souvent irrégulière, heurtée, raboteuse, et il serait permis de croire, comme on l'a dit, qu'il employait parfois le couteau qui accompagnait sa palette au lieu du pinceau, pour indiquer plus vivement les points de lumière. On va jusqu'à prétendre, pour donner une idée de l'épaisseur de sa couleur, qu'il cherchait plus à modeler qu'à peindre, et qu'il avait fait une tête dont le nez avait presque autant de saillie que celui du modèle vivant.

Suivant lui, l'odeur de l'huile étant malsaine, il ne fallait jamais examiner de près l'œuvre d'un peintre.

On raconte qu'un jour, n'ayant pas trouvé le degré de noir dont il voulait former une ombre très épaisse, il creva sa toile d'un coup de poing, pour suppléer à l'insuffisance de sa palette.

Il est de règle en peinture que le plus grand jour doit frapper le milieu du tableau. Rembrandt a eu la prétention de mieux faire; il n'a souvent employé qu'une seule masse de lumière, presque toujours étroite et accidentelle.

Son atelier n'étant éclairé que par un trou,

comme l'est une chambre noire, on remarque dans presque tous ses ouvrages les ombres plus ou moins épaisses qui couvrent les trois quarts de la toile.

Au moyen du clair-obscur, il arrivait à rendre la nature avec une étonnante vérité, surtout quand il s'agissait des figures.

Ayant un jour placé le portrait de sa servante dans l'embrasure d'une croisée, il eut la satisfaction de voir toutes les personnes du dehors être dupes de l'illusion, au point de trouver très extraordinaire le silence et l'immobilité de cette fille ordinairement vive et babillarde.

Rembrandt, devenu nécessiteux, travailla jusqu'au dernier moment, ainsi que le prouve un portrait daté de l'année même de sa mort; et l'enterrement du grand homme auquel on élève aujourdhui des statues, ne coûta que quinze florins, prix d'un modeste cercueil. Ce détail navrant a été communiqué par un des archivistes d'Amsterdam, qui l'a extrait du registre des morts, inscrit dans le Westerkerk, église de l'ouest.

Il mourut à Amsterdam, le 8 octobre 1669.

Son fils unique nommé Titus, qui fut son élève,

était mort en 1668, à l'âge de vingt-sept ans, sans avoir produit d'œuvres remarquables.

Parmi les autres élèves qui fréquentèrent son atelier et profitèrent de ses leçons, on doit citer plus particulièrement Gérard Dow, Jean Lievens, Ferdinand Bol, Gewaert Flinck, Samuel van Hoogstraten, Nicolas Maas et Eickhout.

Un auteur moderne, nommé Sobry, qui a écrit une *Poétique des arts*, dit que Rembrandt est le Shakespeare de la peinture et Shakespeare le Rembrandt de la poésie. « Point de goût, ajoute-t-il en suivant le parallèle, mais tant de vérité; point de noblesse, mais tant de vigueur; point de grâce, mais tant de coloris! »

Il y a évidemment, entre ces deux hommes célèbres, un autre rapport non moins sensible; c'est que ni l'un ni l'autre ne se sont fait scrupule d'introduire des trivialités jusque dans les sujets les plus graves. Il est juste d'ajouter, néanmoins, que jamais Rembrandt ne s'est élevé par la pensée à toute la hauteur de Shakespeare.

Nomenclature d'une partie des œuvres de Rembrandt.

Portraits gravés.

Rembrandt tenant un sabre;
Rembrandt appuyé sur une table;
Rembrandt dessinant;
Portrait de Renier Ausloo;
Portrait d'Abraham France;
Portrait de Jean Asselyn;
Portrait d'Ephraïm Bonus;
Portrait du peseur d'or;
Portrait de Tolling, avocat;
Portrait du bourgmestre Six;
Portrait du petit Coppenod;
Portrait du grand Coppenod;
Portrait d'un homme chauve;
Portrait d'une Mauresse blanche.

Sujets divers gravés.

L'Ancien et le Nouveau Testament;
Quatre Vignettes pour un livre espagnol;

La Fuite en Égypte;
La Résurrection de Lazare;
La Pièce aux cent florins;
Jésus présenté au temple;
L'Ecce Homo;
Les Trois Croix;
Le Bon Samaritain;
Saint François à genoux.

Paysages.

Le Pont de Six;
Le Chasseur;
Les Trois Arbres;
Vue d'Amsterdam;
Les Deux Maisons aux pignons pointus;
Paysage au carrosse;
Paysage aux trois chaumières;
Paysage à la tour;
L'Obélisque;
Paysage aux deux allées;
La Chaumière entourée de planches;
La Compagne du peseur d'or;
Le Canal à la petite barque.

Sujets libres.

Gueux et Mendiants;
Trois Figures orientales;
Le Vendeur de mort aux rats;
Petite Figure polonaise;
La Coquille;
Le Lit à la française;
La Femme devant le poêle.

Quelques-unes des gravures de Rembrandt portent pour marque le nom de Venise et la date de 1636, ce qui fait supposer qu'à cette époque l'artiste avait parcouru l'Italie; mais la vérité est qu'il n'a jamais quitté la Hollande. Son unique but, en mettant au bas de ses planches le nom d'une ville éloignée, était de leur donner plus de prix aux yeux de certains amateurs.

Désignation des lieux où se trouvent les principaux tableaux de Rembrandt.

A Paris, au Louvre :

Quatre portraits de l'artiste, admirables de

touche et de coloris, surtout celui qui porte une chaîne au cou, la tête nue et les cheveux crépus;

Deux Philosophes en méditation;
Tobie et sa famille;
Une Sainte Famille;
Jésus à Emmaüs;
Le Ménage du menuisier.

A Madrid, au musée *del Rey* :

Portrait d'une dame richement vêtue (vue jusqu'aux genoux et datée de 1634).

A Florence :

Deux portraits de l'artiste.

A Londres, à la *National Gallery* :

Portrait d'un marchand juif;
Portrait d'un Capucin;
Une Descente de croix;
La Femme adultère;
L'Adoration des bergers.

Une esquisse, représentant une femme du peuple qui relève ses jupons pour entrer dans l'eau.

A la Galerie de Hampton-Court, à Londres :

Un Rabbin juif.

A la Galerie de Grosvenor :

La Visitation;
Portrait d'un jeune homme;
Portrait d'une jeune fille;
Portrait de N. Berghem et de sa femme
(portant la date de 1644).

Au château d'Althorp (Angleterre) :

La Circoncision;
Le portrait de la mère de Rembrandt.

Au musée de Bruxelles :

Un beau portrait d'homme.

A Munich :

La célèbre Descente de croix. (Ce tableau n'a pas plus de deux à trois pieds carrés.)
Une Mise en croix par un temps sombre et orageux;
Une Mise au tombeau dans l'obscurité d'une voûte profonde;

Une Résurrection, illuminée par un rayon fantastique, en pleine nuit;

Une Nativité, au reflet d'une lampe;

Une Ascension où le Christ éclaire toute la scène par sa propre lumière.

A la pinacothèque de Munich :

Portrait d'un Turc très richement paré;

Portrait de Rembrandt dans sa vieillesse;

Portrait de Gewaert Flinck son élève, et de sa femme;

Portrait d'un vieillard, assis dans un fauteuil, la canne à la main. (Ouvrage remarquable.)

A Vienne, dans le Belvédère :

Trois portraits : *celui de la mère de l'artiste et le sien, deux fois;*

Portrait d'un Juif en costume asiatique.

Dans la galerie du prince Lichtenstein, à Vienne :

Deux portraits de Rembrandt, jeune et vieux;

Une Marine;

Une Rencontre de Diane et d'Endymion, d'un grotesque incroyable; mais d'un très bel effet de lumière.

Dans la galerie du prince Esterhuzy, à Vienne :

Un *Ecce Homo*, qui fait l'admiration des visiteurs.

A Dresde :

L'Enlèvement de Ganimède;
Portrait de Rembrandt, représenté le verre à la main, le rire sur les lèvres, embrassant sa femme qu'il porte sur ses genoux et accompagné d'une jeune fille qui tient un œillet.

A Berlin :

Deux portraits de Rembrandt;
Tobie aveugle et l'Ange parlant à Joseph endormi (daté de 1645).

Le duc Adolphe de Gueldre menaçant son vieux père (daté de 1637). Tableau célèbre dont la couleur est parfaite et où la lumière joue merveilleusement.

A Saint-Pétersbourg, à l'Ermitage :

Le Sacrifice d'Abraham;
Le Retour de l'Enfant prodigue;
L'Éducation de la sainte Vierge par sainte Anne;

Une Sainte Famille;
Saint Pierre au prétoire;
Une Descente de croix;
La Danaé;
Plusieurs paysages et portraits.

A Amsterdam :

La Garde de nuit, véritable chef-d'œuvre;
Les Syndics de la corporation des drapiers;
La Décollation de saint Jean-Baptiste;
Un portrait d'homme.

A La Haye :

La Leçon d'anatomie du docteur Tulp;
Siméon au Temple;
Suzanne au bain;
Deux portraits.

Titres de différents tableaux de Rembrandt, dispersés dans des galeries particulières et ayant été catalogués.

Un Peintre dans son atelier, qui regarde de loin l'effet de son tableau ;

Une Mariée juive, les cheveux épars et une couronne de fleurs sur la tête ;

Le portrait de la mère de Rembrandt, assise, tenant un livre fermé sur ses genoux. (Toile achetée, en 1767, 3,401 livres.)

Sainte Anne assise dans un fauteuil, la sainte Vierge à genoux devant elle, les mains jointes;

Le Bon Samaritain ;

Vertumne et Pomone, à mi-corps, grandeur naturelle ;

La Servante de Rembrandt. (Toile connue sous le nom de la *Crasseuse.*)

Les Arquebusiers, réduction de la *Garde de nuit.* (Toile achetée 7,030 livres.)

Portrait d'homme vu de trois quarts, à longue barbe, coiffé d'une toque noire et couvert d'un manteau à boutonnières d'or;

Portrait d'une jeune femme vue de trois quarts, coiffée en cheveux avec deux plumets;

Portrait d'homme portant moustaches, cheveux châtains et grand chapeau rabattu sur les yeux ;

Portrait d'une belle Juive vue presque de face; la poitrine, découverte, est ornée d'un collier de perles ;

L'Adoration des Rois, riche composition de 22 figures. (Achetée 6,700 francs.)

Le Denier de César, composition de 16 figures;

Le portrait de Rembrandt dans un costume militaire, sous le titre de *Porte-Drapeau*. (Acheté 3,095 francs.)

Moïse sauvé des eaux;

Portrait de deux époux;

Portrait de Martin Kuppertz-Tromp, amiral hollandais;

Bethsabée au bain, enveloppée d'un long voile et accompagnée de ses deux suivantes; elle vient de sortir du bain; un magnifique tapis de Smyrne est à ses pieds; à côté d'elle et sur un drap bleu, une aiguière en argent avec un vase en or; sur la gauche, une autre aiguière en argent ciselé; vers la droite, un paon couché. (Ce tableau a été vendu, en 1841, 7,880 fr.)

Deux portraits de Rembrandt. (Vendus à Amsterdam, en 1842, 7,500 francs.)

Suzanne au bain.

La Prédication de saint Jean-Baptiste.

Portrait de la veuve Lipsius, un des chefs-d'œuvre de Rembrandt. (Vendu, en 1844, 19,332 francs.)

Portrait d'un vieillard à barbe blanche.
(Vendu, en 1847, 7,200 fr.)

Rembrandt peignait alternativement sur bois et sur toile. On peut voir par la liste de ses ouvrages, liste nécessairement incomplète, à quel labeur à dû se livrer ce grand artiste, qui, dans la dernière partie de sa vie, devait à son pinceau le pain de chaque jour.

Peu de peintres ont autant produit que cet infatigable travailleur.

« Chose digne de remarque, Rembrandt et Rubens n'ont jamais eu ensemble aucune relation, quoique contemporains; car s'il y avait trente ans de distance entre leurs âges, Rembrandt, cependant, conquit sa célébrité presque dès son arrivée à Amsterdam, en 1632, après sa *Leçon d'anatomie*, et Rubens ne mourut qu'en 1640.

» Les deux maîtres, qui n'étaient pas loin l'un de l'autre, auraient pu se rencontrer, se connaître; il y avait une circulation assez fréquente de l'école d'Anvers à celle d'Amsterdam et réciproquement.

» Il ne paraît pas cependant que le maître flamand et le maître hollandais aient échangé aucun témoignage de sympathie; peut-être le flamand semi-italianisé n'estimait-il pas à sa juste valeur son naïf et sauvage confrère des provinces affranchies.

» W. Burger. »

JEAN LIEVENS

Élève de Rembrandt

1607

Né, comme Rembrandt, dans la ville de Leyde, Jean Lievens fut son élève et son ami.

Venu au monde en 1607, il était presque de son âge, et eut, comme lui, pour maîtres, Schooten et Pierre Lastman.

L'entraînement de la vocation était si puissant chez le jeune Lievens, que rien ne pouvait le distraire de son travail ; il restait complètement étranger à tout ce qui se passait autour de lui, quand il se trouvait devant son chevalet.

On raconte qu'en 1618 (époque où il n'avait encore que onze ans), lorsque les bourgmestres furent obligés d'armer les troupes bourgeoises pour apaiser le désordre qui causait dans la ville une émotion populaire, pendant que les autres se sauvaient ou prenaient les armes, Lievens, seul, resta dans sa chambre à dessiner, sans se préoccuper du danger qu'il pouvait courir.

Lievens n'avait qu'une ambition, c'était de reproduire la nature; aussi la regardait-il de près, se gardant bien d'y rien changer.

Comme celui qu'il appelait son troisième maître, son camarade et ami Rembrandt, il n'y mettait du sien que dans la manière de l'éclairer.

Charles Blanc rapporte que le tableau qui commença la réputation de Lievens représentait un écolier tenant un livre devant un feu de tourbe; la figure était grande comme nature. Le prince d'Orange l'acheta et en fit présent au roi d'Angleterre, Charles Ier, qui venait de monter sur le trône en y apportant les goûts et les connaissances d'un véritable amateur.

Houbraken raconte que Lievens, apprenant le cas que l'on faisait de ses tableaux à la cour de Londres, passa en Angleterre, où il fut bien reçu. Il y fit les portraits du roi, de la reine, du prince de Galles et de plusieurs autres seigneurs; c'était en 1636, et il n'avait alors qu'environ vingt-quatre ans.

Il serait injuste de comparer ses portraits à ceux peints par Van Dyck; cependant, il faut avouer qu'il approche de très près ce grand maître. Il existe de lui deux portraits, ceux de *Nicolas Lanier* et de *Jacques Gonterus*, l'un directeur de la musique du roi Charles Ier, l'autre musicien au service de ce prince, qui n'ont pas moins de noblesse que ceux de Van Dyck, et qui, suivant Charles Blanc, ont peut-être plus de naturel. L'attitude en est à la fois simple et distinguée; l'individualité du modèle est accusée par tous les traits qui le caractérisent; ses habitudes, sa profession sont indiqués par des attributs qui deviennent un motif heureux de pose et d'ajustement.

Pendant les trois années que Lievens passa à Londres, il modifia quelque peu sa manière, qui se rapprocha beaucoup plus du faire de Van Dyck que de celle de Rembrandt, tout en accusant la prétention au clair-obscur pratiqué par ce dernier.

En 1634, Lievens, de retour d'Angleterre et domicilié à Anvers, épousa la fille d'un célèbre sculpteur, nommé Michel Collins. Anvers était, à cette époque, peuplée d'artistes éminents qui remplissaient de leurs œuvres les églises et les communautés religieuses; mais heureusement il y avait de l'ouvrage pour tout le monde, et Lievens ne manqua pas de commandes. Il peignit, entre autres toiles importantes, une *Résurrection de Lazare*, sujet déjà traité par Rembrandt.

Nous laisserons ici parler l'éloquent auteur de la *Vie des peintres de toutes les époques*.

« Rien de plus saisissant que le *Lazare* qui, du fond du sépulcre où il est enseveli, tend les deux mains à la lumière, c'est-à-dire à la vie. Quant au *Christ* de Lievens, il est sublime par son étrangeté même ; il n'est point fier, impérieux, assuré du miracle qui va s'accomplir, comme l'est celui de Rembrandt ; il est, au contraire suppliant, et, malgré l'auréole de lumière qui l'environne, il a une expression purement humaine ; il semble pousser vers son Père un cri de détresse, comme si lui-même était couché dans le cercueil d'où Lazare va se lever.

» Debout, les mains jointes, les bras tombants, cette figure aux lignes simples a quelque chose de solennel dans son isolement. »

Comme Rembrandt, Lievens fut à la fois peintre et graveur.

On a de lui soixante-six pièces gravées à l'eau forte, parmi lesquelles on cite les portraits suivants qui le placent au rang des plus grands maîtres : Daniel Hansius, Jacob Cats, Ephraïm Bonus, Jacques Gonter.

On ignore l'époque de la mort de cet éminent artiste.

Le musée du Louvre ne possède qu'un seul tableau de Jean Lievens :

La Vierge visitant sainte Élisabeth.

On voit à la pinacothèque de Munich :

1° *Le portrait en buste d'un vieillard vêtu de noir, cheveux blancs et longue barbe;*

2° *Un Vieillard à barbe grise, tenant un sablier.*

FERDINAND BOL

Élève de Rembrandt

1611 — 1681

Ferdinand Bol est originaire de Dordrecht ; il vint au monde en 1611, et, dès l'âge de trois ans, dit l'historien Houbraken, il fut amené par ses parents à Amsterdam.

Voilà tout ce qu'on sait de celui qui fut un des meilleurs élèves de Rembrandt. Il était beaucoup plus froid que son maître dans sa manière de peindre, et cependant, suivant Charles Blanc qui a écrit son histoire, il l'a égalé parfois en énergie et en chaleur.

Chargé de peindre sur une seule toile les portraits des quatre régents de l'hôpital des Lépreux, il a imaginé une scène des plus touchantes.

Il a représenté les régents de l'hôpital au moment où on leur apporte un jeune malade.

Diversement émus à la vue du petit malheureux qui semble étonné de l'intérêt qu'on lui témoigne, les quatre régents laissent voir sur leurs traits la compassion toute chrétienne que leur inspire la profonde misère de l'enfant qu'on leur amène.

Cet épisode introduit dans le tableau en devient l'objet principal, et ce qui ne devait être qu'une réunion de portraits, devient une scène pleine de sentiment que le pinceau de Rembrandt n'aurait peut-être pas mieux rendue.

Parmi les beaux portraits que Ferdinand Bol a laissés, on doit citer en première ligne celui de l'*amiral Ruyter*, et celui du célèbre architecte *Van Campen*. Ce dernier, qui était lié d'amitié avec l'artiste, lui fit obtenir plusieurs commandes importantes, destinées à orner l'hôtel de ville.

Il peignit, pour la Chambre du conseil, *l'Election des soixante-dix vieillards*, et *Moïse présentant les tables de la loi*.

Il peignit aussi, pour la Chambre des bourgmestres, *Fabricius au camp de Pyrrhus*, et, pour l'amirauté, des tableaux symboliques où les divinités de la mer jouent les principaux rôles.

Ferdinand Bol, dont la vie ne fut traversée par aucun incident remarquable, mourut en 1681.

Il a gravé à l'eau forte une vingtaine d'estampes dont l'auteur de l'*Histoire des peintres* n'a cité que les principales :

1° *Le Sacrifice d'Abraham*. Le patriarche est prêt à sacrifier son fils, que l'on voit couché à terre; il est nu, et ses mains sont liées avec une corde. Abraham est debout, tirant son couteau et regardant un ange qui descend du ciel.

2° *Le Sacrifice de Gédéon*. Gédéon est à genoux vers la gauche. L'ange est debout à la droite de l'estampe; il est vêtu d'une large robe blanche, lève la main droite et de l'autre allume le feu du sacrifice.

3° *Saint Jérôme dans une caverne*. Il est assis sur une butte vers la droite de l'estampe, considérant un crucifix qu'il tient des deux mains. Au dehors de la caverne, un lion couché; sur le devant, un grand livre ouvert, au-dessous duquel est écrit F. Bol F.

4° *L'Astrologue*. Il a une longue barbe et porte un bonnet sur la tête; il est assis devant une table, sur laquelle on voit plusieurs livres, un chandelier et un globe; il tient une plume et des lunettes.

5° *Le Philosophe en méditation.* Il est assis et vêtu d'une robe avec un bonnet de Mezzetin. Son bras gauche est appuyé sur une table où sont quelques livres et un globe; à droite, on voit une bibliothèque. (Ce morceau passe pour être aussi beau que s'il était de Rembrandt.)

6° *Vieillard à barbe frisée.* Il est à mi-corps, vu de face, couvert d'un bonnet de Mezzetin; il porte une robe garnie de fourrures, et ses deux mains sont posées devant lui, sur une canne.

7° *La Femme à la poire.* Elle paraît à la fenêtre, tenant une poire de la main droite.

8° *Vieillard en buste.* Il est vu de face, dans un ovale coupé par le haut; il est couvert d'une robe fourrée, attachée par une agrafe de diamants. (Ce morceau, suivant les connaisseurs, est comparable aux plus belles eaux-fortes de Rembrandt.)

Ferdinand Bol s'était toujours souvenu du précepte de son illustre maître : « Regardez, voyez avec vos yeux, et rendez ce que vous voyez selon votre sentiment. »

Le musée du Louvre possède quatre tableaux de Ferdinand Bol :

1° *Deux portraits d'hommes;*
2° *Un Philosophe en méditation;*
3° *Enfants traînés dans un char par des chèvres.*

Le musée de La Haye :

Le portrait de l'amiral Ruyter et celui de son fils.

Le musée d'Amsterdam :

1° *Un second portrait de l'amiral Ruyter;*
2° *Celui du célèbre architecte Campin.*

Le musée de Munich :

Le Sacrifice d'Abraham.

Le musée de Dresde :

1° *Un Repos en Égypte;*
2° *Le Songe de Jacob;*
3° *Joseph présentant ses frères à Pharaon;*
4° *David remettant à Urie la lettre destinée à Joab;*
5° *Un Philosophe;*

6° *Le portrait de Ferdinand Bol,* par lui-même.

Berlin et Saint-Pétersbourg possèdent aussi quelques tableaux de Bol.

Plusieurs autres, dont on a perdu la trace, ont figuré dans des ventes :

Socrate, Vertumne et *Pomone.*

Enfin différents portraits, parmi lesquels ceux de deux époux. (Ce dernier a été vendu, en 1815, 2,180 fr.)

GÉRARD DOW

Élève de Rembrandt

1613 — 1666

―――∽⚬∾―――

Gérard Dow naquit dans la même ville que Rembrandt, à Leyde, en 1613. Fils d'un simple vitrier, il fut placé par son père, à l'âge de neuf ans, chez le graveur Bartolomé Dolendo, pour y apprendre le dessin.

De chez ce premier maître, il passa dans l'atelier d'un peintre sur verre, et enfin dans celui de Rembrandt, à Amsterdam.

« Jamais peut-être, dit Charles Blanc, l'amour de la peinture ne rapprocha deux hommes plus dissemblables ; l'un avait le feu du génie, l'autre en avait la patience.

» Rembrandt, dans sa jeunesse, finissait beaucoup ; ce n'était rien auprès du fini auquel Gérard brûlait d'atteindre. En homme vraiment supérieur, Rembrandt, avant d'avoir adopté la manière heurtée qui lui devint familière plus tard, savait négliger à propos tel accessoire, sacrifier tel détail à l'expression des parties essentielles, et faire triompher aussi ce qui, dans un tableau, s'adresse au cœur ou intéresse l'esprit. Gérard, au contraire, visait à ce qu'il appelait le dernier mot de la peinture, voulant donner une importance égale à tout ce qui entrait dans la composition, n'admettant aucune de ces négligences qui sont parfois d'heureux artifices. »

Il avait coutume de faire payer ses tableaux à proportion du temps qu'il mettait à les peindre, et il les taxait consciencieusement à 20 sols par heure ; aujourd'hui, lesdits tableaux seraient vendus au poids de l'or.

Ses toiles sont tellement achevées, qu'il faut le secours d'une loupe pour en démêler tous les détails ; il n'aurait pas oublié un point dans un tapis, même s'il était dans l'ombre.

La tendance naturelle de Gérard à perfectionner ses œuvres se prononça davantage à mesure que son maître affectait de négliger les siennes.

4

Gérard, en se séparant de Rembrandt, se mit à peindre des portraits ; mais bientôt il ne trouva plus de modèles, car il les découragea tous successivement par sa lenteur à reproduire leurs traits, par les précautions minutieuses qu'il prenait pour conserver la pureté à ses couleurs. Il attendait, dit-on, avant de se mettre à l'ouvrage et après avoir fait prendre au personnage qui posait l'attitude souvent gênante dans laquelle il devait être représenté, que la poussière qu'avait pu soulever son entrée dans l'atelier se fût complètement abattue.

Un de ses historiens rapporte qu'il broyait lui-même ses couleurs sur une table de cristal, qu'il fabriquait lui-même ses pinceaux et composait les inaltérables vernis dont il se servait.

Gérard, ne trouvant plus que difficilement des modèles, renonça à peindre des portraits et se consacra à représenter les scènes de la vie commune. *Une Mère lisant la Bible à son vieil époux qui l'écoute avec respect,* est un chef-d'œuvre de vérité; dans ce tableau, les effets de lumière sont admirables.

Pour trouver des sujets à sa convenance, Gérard regardait tout simplement ce qui se passait dans les boutiques de son quartier. C'est là qu'il a surpris sa marchande de poivre lorsqu'elle pèse sa marchandise et fait pencher la balance du bout de ses doigts. C'est là qu'il a remarqué sa fruitière, en train de vérifier la transparence de ses œufs à la lueur d'une chandelle.

Tantôt il reproduit sur la toile l'officine mystérieuse du chirurgien de village qui cumule les fonctions de barbier avec la pratique des opérations transcendantes; tantôt il nous montre la cuisinière qui revient du marché chargée de légumes, comptant dans sa main l'argent qu'elle a dépensé et celui qu'elle gardera pour elle.

Combien de fois ne l'a-t-on pas vu, sur la place publique, s'arrêter à considérer la physionomie des dupes naïves groupées autour d'un charlatan qui vante son incomparable élixir et arrache les dents sans douleur, à la pointe de l'épée.

S'il se glisse furtivement dans l'école des petits garçons, c'est pour les surprendre au moment où leur maître, pour les punir d'une velléité de révolte, leur parle la langage du martinet.

Gérard apportait le même soin à peindre une vendeuse de harengs qu'un philosophe en méditation.

« L'artiste, rapporte Charles Blanc que nous avons déjà cité, osait à peine respirer pendant qu'il travaillait, et, s'il retenait son haleine en peignant, c'était pour donner du relief au dernier meuble du logis, pour faire chatoyer un verre d'eau, polir une casserole, exprimer le plumage d'un coq mort. »

Un jour, Sandrart l'alla voir avec un ami, et le trouva occupé à peindre un intérieur de cuisine, et notamment un manche à balai auquel il travaillait depuis trois jours, ainsi qu'il l'avoua lui-même.

La parfaite imitation d'un manche à balai vaut-elle réellement trois jours de la vie d'un homme ?

Nous préférons cent fois à maints sujets d'une trivialité peu intéressante, suivant nous, ce chef-d'œuvre inimitable appelé la *Femme hydropique*.

Dans ce tableau, Gérard a choisi juste le moment le plus capable d'émouvoir, celui de la consultation dernière. Ici l'incertitude de ce que va dire le médecin est ce qui tient chacun en haleine. Y a-t-il quelque symptôme de guérison possible dans cette fiole transparente que le docteur examine avec attention? est-ce une lueur d'espoir que lui apporte ce rayon brisé de la lumière du jour? Sauvera-t-on cette mère résignée que déjà sa fille pleure et qui lève au ciel ses yeux noyés de larmes? Voilà ce qui fait tout l'intérêt de cet incomparable tableau.

Mais Gérard n'a pas peint que des intérieurs. Une de ses plus belles toiles est celle qui porte le titre du *Charlatan*. La scène se passe à quelque distance d'un village que domine un château seigneurial. Devant un cabaret est élevée une estrade couverte d'un tapis de Turquie, et sur laquelle sont étalés des drogues, un plat à barbe et une patente revêtue de sceaux; on y voit, de plus, un singe accroupi sous le grand parasol qui couvre cette espèce de théâtre en plein vent.

Le charlatan montre aux assistants une fiole de liqueur dont il explique les vertus, et, une main sur sa poitrine, semble engager son honneur; il porte un bonnet de Mezzetin, un pourpoint jaune et un manteau gris sale doublé de violet; la foule qui l'entoure est composée de personnages de différents âges et diverses attitudes.

Une vieille femme portant un panier au bras est tellement occupée des paroles du saltimbanque qu'elle ne s'aperçoit pas que ses poches sont fouillées par un petit drôle, dont la filouterie fait rire son camarade.

On remarque parmi la foule un paysan vêtu en chasseur, qui porte sur son épaule un lièvre suspendu à un bâton ; le charlatan paraît s'adresser particulièrement à ce personnage, qui, flatté de cette distinction, s'empresse, le premier, d'acheter une fiole d'élixir.

Le peintre, voulant exprimer différents degrés de curiosité, a représenté un jardinier qui, la pipe à la bouche, poussant devant lui une brouette pleine de légumes, n'écoute qu'en passant la parade et sans interrompre sa marche, avec l'indifférence d'un homme qui ne croit pas aux miracles.

Enfin, Gérard Dow s'est placé lui-même à une fenêtre du cabaret voisin, la palette en main, observant l'attention des badauds.

Gérard Dow n'a pas d'histoire proprement dite. Travailleur infatigable, il passa sa vie à son chevalet ; cette paisible existence le mena jusqu'à l'âge de soixante-sept ans. Il mourut, dans sa ville natale, à Leyde, en 1680.

Gérard est l'inventeur de la méthode ingénieuse par laquelle on peut réduire un grand tableau en petit, en posant entre lui et son modèle un chassis divisé par des carreaux de fil de soie, et en plaçant les mêmes parties dans autant de petits carreaux tracés sur sa toile.

Ses petits tableaux sont presque tous encadrés dans une fenêtre, et lui-même s'y est peint souvent, tantôt une trompette à la main, tantôt jouant du violon, car un de ses délassements fut la musique.

« A son mérite personnel, dit Charles Blanc, s'ajoute la gloire d'avoir eu pour disciples des peintres devenus célèbres à leur tour : Gabriel Metzu, François Miéris, Van Tol, Karel de Moor et Godefroy Schalken. »

Le nombre des tableaux de Gérard Dow s'élève à près de deux cents.

Le musée du Louvre possède :

1° *Le portrait du peintre*, par lui-même. Il est à sa fenêtre, la tête couverte d'un bonnet et vêtu d'une robe fourrée ; il tient à la main sa palette et ses pinceaux. (Cette toile fut estimée par les experts, en 1816, 8,000 fr.)

2° *La Lecture de la Bible*. (Estimée, à la même époque, 25,000 fr.)

3° *L'Épicière de village.* Elle est derrière son comptoir, les balances à la main; vis-à-vis d'elle sont trois figures. (Estimée 35,000 fr.)

4° *La Jeune ménagère.* Elle accroche un coq mort à sa fenêtre. (Estimée 18,000 fr.)

5° *La Cuisinière hollandaise.* Elle est à une fenêtre cintrée, versant du lait dans un bol; sur l'appui de la fenêtre une lanterne, une écumoire, un chou rouge et d'autres objets; de l'autre côté est un rideau, et au-dessus une cage. (Estimée 10,700 fr.)

6° *La Trompette.* Un homme, vêtu de soie blanche, joue de la trompette à sa fenêtre; dans le fond, on aperçoit des fumeurs et des gens qui boivent. (Estimée 15,600 fr.)

7° *Le Peseur d'or*, vieillard comptant des pièces de monnaie. (Toile estimée 8,000 fr.)

8° *L'Astrologue en méditation.* Il est devant sa fenêtre, dans une vaste chambre où l'on voit un escalier. (Estimé 10,000 fr.)

9° *La Femme hydropique*, déjà décrite. (Estimée 120,000 fr.)

Le musée d'Amsterdam :

1° *Le portrait en pied d'une dame et d'un*

élégant gentilhomme, dans un paysage qui est de la main de Berghem.

2° *Le Joueur de flûte.* Il est placé près d'une table où sont différents objets.

3° *L'Ermite en prière.* Il est à genoux devant un crucifix, et tient un chapelet à la main.

4° *L'École du soir* (effet de nuit); on y compte douze figures.

5° *Une Femme à sa fenêtre.* Elle tient une lampe à la main.

Le musée de La Haye ne possède qu'une seule toile de l'artiste :

Une Mère et sa Fille, près d'un petit enfant au berceau.

La pinacothèque de Munich est beaucoup plus riche; elle renferme :

1° *Le Charlatan.* (Quand Gérard peignit ce tableau, il travaillait encore dans l'atelier de Rembrandt.)

2° *Le portrait de l'artiste.* Il est à une fenêtre gothique, tenant un bâton dans sa main gauche; l'autre main est appuyée sur une table recouverte d'un tapis de Turquie. Il est vêtu d'une veste jaune, d'une robe de chambre, et coiffé d'un bonnet fourré. (Cette toile porte la date de 1663.)

3° *Un Intérieur.* A une fenêtre cintrée, une vieille femme dit ses grâces après un repas frugal composé de jambon et de pain ; auprès d'elle un rouet ; sur le devant est un chien blanc qui dort, et divers ustensiles de ménage.

4° *Un Intérieur.* Une dame à sa toilette, arrangeant une mèche de ses cheveux qu'une femme de chambre est en train de peigner ; elle est vêtue d'un casaquin de soie écarlate fourré, avec un jupon de satin jaune.

Le Belvédère à Vienne possède :

Le Médecin aux urines. A travers une fenêtre cintrée, on voit un médecin examinant avec attention la matière de ses études ; à côté de lui est une vieille femme en pleurs ; sur l'appui de la fenêtre on remarque un globe, un grand livre d'anatomie ; en bas, un bas-relief de François Flamand, signé G. D., et daté de 1653.

On voit dans la galerie de Dresde :

1° *Le portrait de l'artiste.* Il est à une

fenêtre cintrée, jouant du violon; un livre de musique est ouvert devant lui ; dans le fond, une peinture sur un chevalet, datée de 1665.

2° *Le Dentiste*. Il vient d'arracher une dent à un petit garçon, et il la montre.

3° *La Dévideuse*.

4° *La Grappe*. Une jeune fille, un chandelier à la main, paraît vouloir cueillir une grappe de raisin à une treille qui entoure sa fenêtre.

Le musée national de Londres :

1° *La Boutique de l'épicier*. L'épicier à son comptoir, les balances à la main, paraît vouloir prendre une grappe de raisin sec dans un panier qui est sur la fenêtre; autour de lui des denrées de toute espèce, sucre, bombons, citrons, gingembre, etc.

2° *La Jeune Fille aux oignons*. Elle épluche des oignons, un enfant à côté d'elle.

3° *La Ménagère*. Elle récure une casserole auprès d'une fenêtre.

La galerie Grosvenor à Londres :

La Nourrice.

La galerie Bridgwater :

1° *Un portrait de l'artiste,* tenant un violon. (Véritable chef-d'œuvre.)

2° *La Vendeuse de harengs.*

A Picadilly, chez un particulier, se trouve :

La Femme au lièvre.

Enfin, dans la galerie de feu sir Robert Peel, se trouvait *la Marchande de gibier,* qui a été vendue 26,000 fr. à sa mort.

Un des plus beaux tableaux de Gérard Dow périt sur mer pendant qu'on le transportait à Saint-Pétersbourg ; il représentait *un Dentiste,* et avait été payé 14,000 florins.

Les ouvrages de cet artiste ont eu et ont encore beaucoup de vogue, parce qu'ils offrent des beautés à la portée de tout le monde, qu'ils peuvent se placer dans de petits appartements, et qu'en général on trouve commode d'avoir des chefs-d'œuvre sous les yeux et à sa portée.

GEWAERT FLINCK

GEWAERT FLINCK

Élève de Rembrandt

1615 — 1660

Gewaert Flinck naquit à Clèves, le 25 janvier 1615 ; il appartenait à une famille de riches bourgeois.

Son père, qui exerçait les fonctions de trésorier de la ville, émettait souvent cette opinion, qu'on ne pouvait cultiver les arts sans déroger, et prétendait qu'un négociant était bien au-dessus d'un artiste.

Il destinait donc son fils au commerce ; mais ce dernier, qu'un penchant irrésistible entraînait vers la peinture, ne partageait pas la manière de voir de l'auteur de ses jours.

On rapporte que le jeune homme mit un tel

entêtement à embrasser la carrière qu'il avait choisie, que, de guerre lasse, le père Flinck finit par consentir à lui faire donner des leçons par le peintre Lambert Jakobsen, de Leeuwarden, en Frise.

Libre désormais de suivre sa vocation, Gewaert alla étudier chez ce maître, où il fit la connaissance de Joseph Baker ; ce dernier, après une année d'études sérieuses, l'entraîna à Amsterdam, et le fit entrer avec lui dans l'atelier du peintre Rembrandt, qui jouissait déjà à cette époque d'une certaine célébrité. C'était vers l'an 1635 ou 36.

Les progrès de Gewaert furent si rapides que, dès 1637, il peignit un portrait d'homme que Rembrandt n'aurait pas renié. Il avait si bien su s'approprier la manière et les procédés de son maître, que plus tard ses propres œuvres furent souvent attribuées à celui dont il avait reçu des leçons.

On peut voir au musée d'Amsterdam un tableau de Gewaert, représentant *Jacob recevant la bénédiction d'Isaac* ; c'est une toile qu'on jurerait peinte par Rembrandt.

« *L'Isaac* de Gewaert, dit Charles Blanc dans

son *Histoire des peintres,* est un vieillard vénérable dont la figure n'a rien de banal, rien de ce que dans les ateliers on appelle le *modèle barbe.* Tout en bénissant Jacob qui a couvert ses bras de poils pour se faire passer pour Ésaü, le patriarche tâte les mains de son fils, et son attitude, sa physionomie, son geste expriment le doute naturel aux gens privés de la vue. L'émotion de Jacob, celle de Rébecca sont admirablement rendues ; tout enfin dans ce tableau ressemble au faire de Rembrandt. »

Mais si Gewaert obéit pendant un certain temps à l'influence irrésistible du maître, il ne persista pas longtemps dans une voie absolument contraire à son tempérament.

Jaloux d'abord d'imiter Rembrandt jusque dans ses exagérations, il revint peu à peu à une manière moins heurtée et plus sage ; c'était, du reste, le seul moyen de réussir en Hollande, où, aux œuvres largement brossées, l'on préfère le *fini,* nous n'osons pas dire le *léché,* où l'on regarde les tableaux de près, quelques-uns même à la loupe.

En 1642, la réputation de Gewaert était établie, et l'on en trouve la preuve dans une commande qu'il reçut de la confrérie des Arquebusiers.

On le chargea de peindre les portraits des quatre chefs du tir, pour orner la salle de leur réunion.

Les quatre personnages sont représentés assis autour d'une table, et recevant un châtelain qui leur présente une corne à boire, en argent et richement ciselée.

On fut si satisfait du travail de l'artiste, que, trois ans plus tard, on lui demanda un autre tableau d'arquebusiers, qui renfermait douze figures. Cette dernière toile se voit encore aujourd'hui dans la grande salle de l'hôtel de ville.

En 1648, à l'occasion de la paix signée à Munster entre les Provinces-Unies et l'Espagne, il peignit le célèbre tableau dit *la Fête des gardes civiques*. Il représente les arquebusiers réunis devant la maison du tir, pour complimenter leur commandant Jean de Koper, seigneur de Muarsseveen, et qui tirent leurs arquebuses en allumant des feux de joie.

La scène se passe en plein air et se divise en deux groupes, dont l'un, composé de huit personnages, semble sortir de la maison, et s'en détache par le costume noir du commandant et du porte-enseigne, par les plumes blanches de leurs chapeaux et la soie également blanche du drapeau de la compagnie.

L'autre groupe s'enlève en vigueur sur le ciel. Le plus apparent des militaires qui le composent, le lieutenant Frans van Wa Weren, est aussi en habit noir galonné d'or, avec une écharpe bleue en bandoulière; il porte une pertuisane de la main gauche, et tient de l'autre son chapeau à plumes blanches. Il adresse la parole au commandant Jean de Koper, qui est au pied du perron.

Ces deux groupes, quoique distincts, sont adroitement reliés entre eux par la figure d'un arquebusier, qui se baisse pour ajuster une de ses grandes bottes, et qui a auprès de lui un beau lévrier.

Les noms de tous les arquebusiers sont inscrits au bas du tableau en lettres d'or, et, parmi ces noms, on remarque celui de l'artiste lui-même, car il s'est représenté derrière le premier groupe, debout et couvert; sa physionomie est douce, fine, distinguée, et répond parfaitement à l'idée que l'on doit se faire de son talent.

Gewaert, devenu, en janvier 1652, bourgeois

d'Amsterdam, épousa quatre ans plus tard Sophie Van der Hoeven, dont le père était directeur de la Compagnie des Indes à Rotterdam.

Ce riche mariage permit à l'artiste de donner une libre carrière à ses goûts d'amateur. A l'exemple de Rembrandt, son maître, il se composa une nombreuse collection d'objets d'art, et, comme Rubens, il orna son atelier de figures moulées sur les plus belles statues antiques.

Entre ces figures étaient suspendues toutes sortes de costumes et d'armes ; les murs étaient tendus de tapisseries, de velours galonné d'or, provenant de l'ancienne cour du duc de Clèves. Ces tapisseries lui avaient été données par Willem, fermier électoral de Brandebourg, près duquel il était en haute faveur.

« Les collections de dessins que possédait Gewaert, eurent, dit encore l'auteur de l'*Histoire des peintres,* une fâcheuse influence sur le talent de cet artiste ; à force de regarder les gravures étrangères, il voulut s'élever au style italien, et tandis que Rembrandt admirait tous les grands maîtres sans chercher à en imiter aucun, Gewaert changea une dernière fois de manière. Ce fut une malheureuse idée ; il valait mieux cent fois s'inspirer de la nature que d'adopter tardivement un style qui ne pouvait produire que des fruits bâtards. »

Aussi ses derniers tableaux se ressentent-ils de ce que nous nous permettrons d'appeler une défaillance; ce sont : *Le roi Salomon demandant à Dieu la sagesse,* et *Marcus Curius Dentatus refusant les présents des Samnites.*

Au mois de novembre 1659, le bourgmestre d'Amsterdam lui commanda douze tableaux destinés à orner la grande salle de l'hôtel de ville.

Gewaert, qui s'était engagé à en livrer deux par année, en commença les esquisses; mais dans les premiers jours de février 1660, il tomba sérieusement malade, et mourut peu de temps après, à l'âge de quarante-cinq ans.

Il laissait un fils nommé Nicolas-Antoine, peintre assez médiocre, mais un véritable et habile connaisseur.

Le musée du Louvre possède deux tableaux de Gewaert Flinck :

1° *L'Annonciation aux bergers.* (Imitation de l'eau-forte de Rembrandt.)

2° *Une Figure de jeune fille,* à mi-corps.

Le musée d'Amsterdam en renferme deux :

1° *Isaac bénissant Jacob;*
2° *Fête de la garde civique.*

On voit au musée d'Anvers :

Les portraits d'un homme et d'une femme se donnant la main.

Au musée de Copenhague :

Un portrait d'homme.

Au musée de Berlin :

1° *Abraham renvoyant Agar;*
2° *L'Education de la Vierge.*

A la pinacothèque de Munich :

1° Une répétition du tableau représentant *Isaac bénissant Jacob;*
2° *Un Corps de garde;*
3° *Deux Figures de grandeur naturelle,* sur bois.

A la galerie du Belvédère à Vienne :

Un Vieillard avec barbe.

A la galerie de Dresde :

1° *Buste d'un homme vu de profil;*
2° *Buste d'un vieillard coiffé d'une calotte noire;*
3° *Buste d'un homme à barbe grise, coiffé d'un bonnet rouge.*

Nous ne parlons pas des nombreuses toiles qui se trouvent aujourd'hui dans les galeries particulières.

VAN DEN EICKHOUT

(GERBRANT)

Élève de Rembrandt

1621 — 1674

De tous les élèves de Rembrandt, Eickhout est celui qui a été le plus fidèle à la manière du maître.

Les autres artistes sortis du même atelier ont subi l'ascendant du génie de Rembrandt et se sont approprié quelques lambeaux de son originalité; chez Eickhout seul on retrouve ses défauts mêlés à l'apparence de ses qualités.

Nous disons l'apparence, car les vrais connaisseurs ne peuvent pas s'y tromper et confondre les œuvres de l'élève avec les productions du maître.

Eickhout était fils d'un orfèvre d'Amsterdam, et était né dans cette ville, le 19 août 1621. Entré tout jeune à l'école de Rembrandt, il n'en sortit qu'à la mort de cet artiste ; élevé dans une de ces monastiques cellules où il confinait chacun de ses élèves, il ne put étudier la nature que par les yeux de son maître, qui s'était chargé de la lui montrer et la rendait avec tant de franchise.

Son système était d'accuser d'abord les grands plans et de ménager les plus vives lumières sans se noyer dans les demi-teintes ; il procédait par masses, et ne s'occupait des détails qu'après avoir solidement charpenté l'ensemble de l'œuvre.

Ce véritable secret de l'art de dessiner devait plus tard faire réussir Eickhout, surtout dans le portrait où l'on demande avant tout un accent de vérité, principal mérite de ce genre de peinture.

Eickhout débuta par le portrait de son père, et, au dire de ses biographes, il le peignit avec tant d'énergie que Rembrandt lui-même en fut étonné.

Malheureusement, il ne voulut pas s'en tenir à une spécialité qui lui aurait été si lucrative, et il aborda le genre historique, choisissant de préférence, à l'exemple de son maître, les sujets de l'Écriture sainte, très goûtés en Hollande à cette époque.

Il peignit d'abord *Agar renvoyée par Abraham,* et s'inspira de la belle eau-forte gravée par Rembrandt; mais dans ce premier essai de ses forces, nous devons avouer qu'il resta bien loin de celui qui lui avait donné des leçons. La touche est habile, mais l'ensemble est froid ; cela tient, selon nous, à ce qu'il s'est trop attaché aux choses secondaires. En effet, il a introduit dans sa composition une foule d'accessoires, des vases précieux, de riches draperies, des bestiaux, le tout pour avoir l'occasion d'égayer son coloris par des tons variés ; « il s'y est ménagé, dit Charles Blanc, tous les prétextes imaginables au luxe de la palette, et cela au dépens du sentiment qui fait absolument défaut. »

Eickhout a été plus heureux dans les scènes familières qu'il s'est plu à reproduire; dans ce genre, il ne cherchait pas à imiter son maître, mais seulement la nature.

Il existe à Londres un tableau de cet artiste, représentant *une partie de trictrac.* On y voit trois gentilshommes tout entiers à la partie, l'un d'eux agitant les dés dans le cornet, l'autre très intrigué de ce qui va en sortir, tandis que le troisième est appuyé sur le dos de sa chaise et la pipe à la main.

Les dessins d'Eickhout se reconnaissent au premier coup d'œil, tant par la simplicité du sujet que par le pinceau large avec lequel ils sont lavés.

Il étudiait et copiait la nature dans la vie ordinaire ; des figures isolées, assises ou couchées, dans une posture naïve, exécutées le plus souvent à l'encre brune, font partie de ses compositions le plus recherchées.

Des paysages au bistre ou bien coloriés, portant la signature d'Eickhout, se vendent encore aujourd'hui à des prix très élevés.

Selon l'un de ses biographes, cet artiste est mort valétudinaire à l'âge de cinquante-trois ans, le 22 juillet 1674, à l'ombre du grand homme dont il fut l'imitateur, tout en étant loin de l'égaler.

Relevé des œuvres d'Eickhout.

Il a gravé à l'eau-forte deux pièces importantes :

La première est le *portrait d'un jeune homme vu de profil*. Il porte un chapeau à larges bords ; la main droite sort de dessous un long manteau, et, sur son épaule gauche, pend un cordon avec une houppe. Le fond de ce tableau est d'une teinte claire sur laquelle se détache la signature suivante : G. V. D. Eickhout, 1646.

La seconde gravure est le *portrait de Corneille Tromp*.

Le musée du Louvre ne possède qu'un tableau de cet élève de Rembrandt :

Anne consacrant son fils au Seigneur. Anne, agenouillée et accompagnée de son mari, qui est debout à sa droite, présente son fils au grand prêtre Héli, assis sur un trône; au premier plan, dans le fond à droite, se trouvent des serviteurs et des bestiaux. (Ce tableau a été acquis sous l'empire, dans une vente publique.)

Au musée de Lyon, est le *portrait d'un jeune homme, vêtu de noir*.

Au musée d'Amsterdam :

1° *Le Convive expulsé*, comme ne portant pas un habit de noces ;

2° *La Femme adultère devant Jésus-Christ.*

Le musée royal de La Haye possède :

1° *Une Adoration des mages ;*
2° *La Continence de Scipion ;*
3° *Une Femme cherchant les puces de son chien.*

La galerie royale de Dresde :

La Présentation de l'Enfant Jésus au temple. Le bienheureux Siméon, à genoux, tient l'Enfant dans ses bras, rendant grâce au Seigneur.

On voit à la pinacothèque royale de Munich :

1° *Abraham répudiant Agar et son fils Ismael.* (Figures de grandeur naturelle.)

2° *Le Christ parmi les docteurs dans le temple à Jérusalem.*

Tableaux et dessins qui ont figuré dans des ventes publiques à différentes époques :

Soldat endormi sur un banc. (Peinture à la gouache.)

Vue d'un village au bord d'une rivière. On voit sur le devant une charrette qui se détache en brun. (Dessin colorié.)

La Présentation au temple. Joseph et Marie, à genoux, offrent une paire de colombes. Siméon tient l'Enfant dans ses bras et bénit Dieu. A droite, quelques hommes assis à une table. (Suivant Houbraken, ce morceau, chef-d'œuvre du maître, est digne de Rembrandt.)

Élie et Samuel. On voit, dans ce tableau, Anne à genoux, présentant son fils avec différentes offrandes de farine et de vin au grand prêtre qui est assis sur un trône d'or. Sur le second plan est le mari de sainte Anne, suivi de domestiques qui conduisent des bœufs.

Pilate montrant au peuple Jésus-Christ flagellé. (Morceau d'une grande puissance de coloris et d'une savante exécution.

Eliézer, envoyé d'Abraham, s'entretient avec Rébecca qui tient un vase dans ses mains; à gauche sont deux de ses serviteurs.

Portrait d'un jeune homme, debout à mi-jambes. Il est coiffé d'une perruque et vêtu d'un pourpoint de satin noir à crevés; il porte une épée et un collet garni de dentelles.

Un Ermite en prière.
Soldats se divertissant dans un corps de garde.

Nota. — Ne pas confondre Gerbrant Van den Eickhout avec son homonyme et contemporain Antoine Van den Eickhout, né à Bruges et également peintre.

Ce dernier, qui peignait de préférence des fleurs et des fruits, fut assassiné à Lisbonne, en 1695.

La rapide fortune qu'il devait à son pinceau lui avait suscité de nombreux jaloux, et un jour qu'il se promenait en carrosse, il fut tué d'un coup de feu.

Les auteurs de cet assassinat restèrent inconnus.

VAN HOOGSTRAETEN

(SAMUEL)

Élève de Rembrandt

1627 — 1678

Né à Dordrecht, en 1627, il entra à l'âge de treize ans dans l'atelier de Rembrandt.

Son père, Théodore Hoogstraeten, et son frère aîné, Jean, étaient de médiocres peintres, et il était réservé à Samuel d'illustrer son nom de famille.

Samuel est, de tous les élèves de Rembrandt, celui qui imita le mieux la manière de son maître. Mais s'apercevant que les bourgeois, parmi lesquels se recrutait sa clientèle, préféraient, pour la plupart, une manière nette, sobre et naturelle au faire original et mystérieux de Rembrandt, il abandonna promptement ses errements pour adopter des procédés plus simples et se rapprochant davantage de la nature.

« Samuel, dit Charles Blanc dans son *Histoire des peintres*, est le seul des élèves de Rembrandt qui ait désiré voir l'Italie, et encore s'il entreprit ce voyage, ce fut pour faire diversion au chagrin que lui causa la rupture d'une liaison qu'il croyait devoir être éternelle. »

Le 16 mai 1651, il se mit en route pour Francfort, d'où il se rendit à Vienne.

Présenté à l'empereur d'Autriche, Ferdinand III, qui avait témoigné le désir de voir ses ouvrages, il mit sous les yeux du prince trois tableaux ; le premier représentait un *Couronnement d'épines* ; le deuxième, le *Portrait d'un gentilhomme* ; le troisième, une *Nature morte*.

On rapporte qu'à la vue de cette dernière toile, Ferdinand porta la main sur les fruits que l'artiste avait si habilement représentés, feignant de les croire naturels.

« Voilà, s'écria-t-il, le premier peintre qui ait su me faire illusion, et, pour l'en punir, je garde son tableau. »

Le séjour de Samuel à Vienne se prolongea pendant deux ans, car l'empereur le retint à sa cour, presque malgré lui, et lui commanda plusieurs tableaux, en autres une *Vue de la place intérieure du palais*, et la toile désignée dans les catalogues sous le titre du *Vieux Juif*.

C'est un vieillard à barbe grise, qui regarde au vasistas d'une fenêtre aux petits vitraux ronds et bombés enchâssés dans des lames de plomb, peints avec une finesse inimitable.

La curiosité la plus vive est empreinte sur son visage de brocanteur.

Le bonnet fourré du personnage, les vitraux où la lumière se joue et les dégradations de la muraille sont rendus de manière à produire l'illusion, et l'on vante surtout la légèreté d'une plume d'oiseau, qui, posée sur l'appui de la fenêtre, va s'envoler au moindre souffle du vent.

On n'a pas oublié que Rome était le but principal de son voyage; il s'y rendit en quittant Vienne, et, à son arrivée dans la ville éternelle, il fut reçu par la Confrérie des élèves de l'Académie, et comme c'était l'usage de donner un surnom à tout récipiendaire, on le surnomma *le Batave*.

Ce qui fit à Rome l'admiration de l'artiste hollandais, ce ne fut pas seulement Raphaël et Michel-Ange, mais encore les Carraches, Parmesan, Lanfranc, le Guide et le Guerchin.

De Rome, d'où il emportait de précieux souvenirs, Samuel se rendit en Angleterre, où il laissa une seule trace de son passage, mais une trace lumineuse comme le plus brillant rayon de soleil.

Nous voulons parler d'un tableau qui, dans une vente qui eut lieu à Covent-Garden, en 1736, fut payé au poids de l'or.

Il représentait une chambre où l'on voyait, sur une table de noyer, des papiers, une plume, un canif, un almanach en anglais pour l'année 1663, et une médaille d'or. Le portrait de l'auteur y était peint dans un cadre d'ébène, avec de longs cheveux tirant sur le roux, et avec la signature de *Samuel van Hoogstraeten*.

Samuel, dans sa jeunesse, avait fait d'excellentes études; dès son retour à Dordrecht, il partagea son temps entre la peinture et les belles lettres, et même s'occupa beaucoup plus d'écrire que de peindre, ce qui explique la rareté de ses tableaux.

Houbraken, son historien, a donné des détails très intéressants sur les rapports de Samuel avec ses élèves ; il a rapporté combien étaient sages les conseils qu'il leur donnait. Ce qu'il leur recommandait avant tout, c'était la recherche de l'expression.

Pour apprendre à ses élèves la théorie des gestes, il leur faisait jouer et mimer soit des pièces de sa composition, soit des scènes historiques. Il ne cessait de répéter que le peintre doit raisonner toutes les parties de son œuvre, n'y rien mettre dont il ne puisse se rendre compte, n'y introduire jamais des accessoires inutiles, ni des figures de remplissage.

Samuel mourut en 1678, dans la ville où il était né.

Il employa ses dernières années à composer un livre dans lequel il consigna ses leçons orales.

Cet ouvrage, intitulé *Introduction à la haute école de peinture*, ou *le Monde visible*, est encore aujourd'hui très recherché en Hollande.

« Samuel, dit Charles Blanc, avait écrit un autre volume qu'il appelait *le Monde invisible*. Mais cette seconde partie, dont Houbraken avait vu le manuscrit, n'a jamais été imprimée. »

Le musée du Louvre ne possède aucun ouvrage de Samuel.

Le musée d'Amsterdam n'en renferme qu'un seul :

Le Jeune Homme malade. (Il est signé S. V. H.)

Le musée de La Haye possède un assez grand tableau qui représente un superbe portique, où l'on voit une dame accompagnée d'un épagneul. Dans le fond, une porte ouverte laisse voir un serviteur.

Au musée de Rotterdam se trouvent quelques dessins du maître.

A la galerie du Belvedère à Vienne, deux chefs-d'œuvre :

1° *Une Vue de la place intérieure du palais impérial* (datée de 1652);

2° *Le Vieux Juif.*

NICOLAS MAAS

Élève de Rembrandt

1632 — 1693

Nicolas Maas naquit à Dort en 1632. Ses premières leçons de peinture lui furent données par un artiste de médiocre valeur, qu'il abandonna bientôt pour se rendre à Amsterdam et entrer dans l'atelier de Rembrandt.

Maas, dès le premier moment, comprit que, pour réussir, il devait se garder d'imiter servilement son maître, mais seulement profiter de ses enseignements pour se créer une manière qui lui soit personnelle.

A force de travail et de persévérance, il se distingua promptement par une étonnante vigueur de tons qui donnait à ses figures un relief extraordinaire ; et cela, grâce à la lumière fantastique que Rembrundt lui avait appris à ménager.

A l'encontre de Gérard Dow, un de ses camarades d'atelier qui n'obtenait le fini de ses œuvres qu'à force de soin et de patience, Maas atteignit le même résultat en accusant tous les détails par un modèle énergique.

La facilité avec laquelle il saisissait la ressemblance des physionomies, l'engagea à se faire peintre de portraits, et il s'établit définitivement à Amsterdam, pensant avec raison que dans la petite ville de Dort il ferait moins facilement fortune.

« Maas, dit l'historien Charles Blanc, ne se contentait point de faire saillir les têtes de la toile, il flattait ses modèles, et ce fut là principalement la cause de la vogue qu'il eut à Amsterdam. »

Presque à sa sortie de l'atelier de Rembrandt, sa politesse, ses bonnes façons, son esprit naturellement enjoué augmentèrent encore sa clientèle de peintre de portraits, et lui valurent une réputation qui se traduisit en florins, car il se faisait payer fort cher.

Une fois riche, Maas eut envie de voyager; il voulait voir les œuvres des grands maîtres d'Anvers dont on parlait alors dans l'Europe entière.

Il fut cordialement reçu par les artistes anversois, qui, le sachant élève de Rembrandt, le considérait comme un confrère.

On raconte qu'un jour qu'il venait rendre sa première visite à Jordaens, il fut introduit dans un salon rempli de peintures qu'il eut le temps d'examiner en attendant que le maître pût le recevoir.

Jordaens, qui observait son visiteur par le trou de la serrure, constata qu'il s'attachait de préférence aux plus belles toiles.

« Je vois, lui dit-il en entrant, que vous êtes un connaisseur, ou peut-être un peintre, car les meilleurs tableaux que je possède vous ont retenu plus longtemps que les autres.

— Je suis peintre de portraits, dit Maas.

— En ce cas, reprit Jordaens, je vous plains sincèrement; vous êtes donc aussi un de ces martyrs qui méritent si bien notre commisération.

En effet, Maas devait passer sa vie de peintre

à se trouver aux prises avec la vanité humaine, si difficile à manier.

Il excellait aussi dans les scènes familières, et s'il représentait dans une cuisine une vieille femme ratissant des navets, ayant auprès d'elle quelques ustensiles de ménage, un seau, un rouet, il était impossible de ne pas y arrêter longtemps les regards, et surtout d'oublier ce que l'on avait vu.

Comme le dit très justement Charles Blanc dans son *Histoire des peintres de toutes les époques*, « la peinture de Maas est de celles qui s'incrustent dans le souvenir; la lumière y éclate, la toile s'enfonce, l'objet saillit, l'œil en fait le tour, et si les figures étaient de grandeur naturelles, on irait à leur rencontre, tant l'illusion est puissante, tant les formes sont sculptées en relief et palpables. »

Plusieurs peintres ont porté le nom de Maas ou Maës, et c'est afin de ne pas confondre Nicolas Maas avec d'autres artistes moins célèbres que les Hollandais appellent celui dont nous entretenons le lecteur le Maas Rembranesque (*Rembrandtsche Maas*).

Les tableaux de Nicolas Maas sont fort

rares ; on n'en compte guère qu'une cinquantaine dans les galeries publiques ou privées.

Ils font complètement défaut au Louvre; Paris ne possède aucune œuvre de cet excellent artiste.

Au musée de La Haye, il ne se trouve qu'une seule toile de Maas, le *Portrait de Cats*, célèbre magistrat hollandais.

Le musée d'Amsterdam n'est pas plus riche ; il ne possède de cet artiste que la *Jeune Fille à sa fenêtre, accoudée sur un coussin.*

Le musée de Berlin peut se vanter de posséder un chef-d'œuvre : *la Malade d'amour.* Une jeune fille, vêtue d'un casaquin rouge et d'une robe verte, penche sa tête pensive sur un oreiller; à sa droite se tient un médecin en habit noir. Dans le fond de l'appartement, on voit une femme âgée qui parle à un cavalier.

A Saint-Pétersbourg, dans la galerie de l'Ermitage, se trouve le *Portrait d'une vieille femme endormie.* Elle est vêtue d'une robe noire à manches rouges et d'un casaquin brun. Vue de face, elle tient d'une main un dévidoir; le sommeil l'a surprise dans cette simple occupation, et sa tête, fatiguée, est tombée sur sa main gauche.

On peut voir à la galerie nationale de Londres :

1° *Une Vieille Femme occupée à éplucher des légumes;*

2° *Une Nourrice.*

La reine d'Angleterre possède un fort beau tableau de Maas. Il représente un *Escalier tournant* que descend une jeune femme, avec l'intention de surprendre sa servante que l'on aperçoit buvant dans la cave.

Ce tableau a été payé cent cinquante guinées (3.900 fr.); le musée du Louvre le payerait volontiers dix fois autant.

On peut voir également à Londres, dans la galerie Bridge Water, une *Jeune Fille enfilant une aiguille;* elle porte un casaquin rouge bordé de fourrure, une jupe de même couleur et un tablier blanc.

Plusieurs autres tableaux de l'artiste hollandais ne sont connus que parce qu'ils ont figuré dans des ventes; nous en donnons ici les différents titres :

Une Servante, au bas d'un escalier, écoute les reproches que la maîtresse du logis fait à son mari.

Une Jolie Fille, en bonnet de velours à plumes, caresse un faon apprivoisé.

Une autre *Jolie Fille* qui tient un oiseau qu'un épagneul veut attraper.

L'Écouteuse. (Ce tableau a été payé, en 1838, sept mille florins).

La Laitière. A la porte d'une vieille maison, une très jolie servante en bonnet de velours noir tient une bourse dans une main, et de l'autre donne quelque monnaie à une laitière en chapeau de paille.

La Couturière. Elle porte un fichu rouge et blanc; elle est vue de face; le jour pénètre dans sa chambre par une fenêtre latérale.

L'Intérieur d'une chambre dans laquelle une jeune mère allaite son enfant.

La Pourvoyeuse. Devant la porte d'une maison hollandaise, une servante, tenant une tranche de saumon dans sa main, parle à une femme qui compte de l'argent. (Cette toile a été vendue, en 1822, huit mille florins).

Le Bénédicité. Une femme agée, les mains jointes, au moment de prendre son frugal repas; son chat est couché à ses pieds.

DEUXIÈME SÉRIE

ARTISTES HOLLANDAIS

CONTEMPORAINS DE REMBRANDT

ALBERT CUYP — ADRIEN BRAUWER

GÉRARD TERBURG — JEAN WINANTS — ADRIEN VAN OSTADE

GABRIEL METSU — PHILIPPE WOUWERMANS

PIERRE ET JEAN WOUWERMANS — NICOLAS BERGHEM

PAUL POTTER — FRANÇOIS MIÉRIS

SALOMON RUISDAEL — JACQUES RUISDAEL

ADRIEN VAN DEN VELDE

ALBERT CUYP (OU KUYP)

1606 — 1661

Albert Cuyp, né à Leyde en 1606, fut un des plus grands peintres de la Hollande.

Houbraken, l'un de ses biographes, nous apprend que cet artiste peignait plus proprement que son père, peintre assez médiocre, mais inventeur du genre au moyen duquel son fils, devenu son élève, devait s'illustrer plus tard, car il sut donner à ses productions le mérite essentiel de la vérité.

Figures humaines, animaux, nature morte, paysages, marines, intérieur d'église, clair de lune, cuisines, basses-cours, Cuyp a abordé tous les genres et les a toujours traités en maître.

Dans un *Essai sur le beau pittoresque*, William Gilpin, écrivain anglais, en parlant des œuvres de Berghem, Ostade et autres peintres de la même école, s'exprime ainsi :

« Dans le cheval, considéré comme objet réel, l'élégance des formes, la fierté de l'allure, la légèreté du mouvement, le lustre du poil, nous l'admirons en peinture ; mais, comme objet de beauté pittoresque, nous lui préférons un vieux cheval de charrette, une vache, une chèvre, un âne.

» Leurs contours inégaux et la rudesse de leur poil sont bien plus propres à faire ressortir les grâces du pinceau. La richesse de la lumière dépend des brisures qui se rencontrent sur la surface des corps. Ce sont, en effet, ces différentes surfaces qui peuvent se présenter au jour de plusieurs côtés, et donnent au peintre un choix pour masser et graduer les ombres et les lumières. »

« Assurément, fait observer Charles Blanc, ce n'est pas la vue des ouvrages de Cuyp qui a pu suggérer de telles idées à l'auteur des lignes que nous venons de citer ; cet artiste ne prenait pour modèles que des vaches bien nourries, des chevaux bien étrillés, qu'il plaçait dans une prairie éclairée par une lumière splendide. »

C'est par cette manière de sentir que Cuyp a su plaire au public, et s'est distingué de ses rivaux de presque toutes les écoles.

Quand il mourut, en 1661, Houbraken assure qu'on ne trouva chez lui aucun modèle ni aucun dessin de maître. Il ne se servait jamais d'autre maître que la nature; elle lui parlait un langage assez clair pour que les interprètes lui fussent inutiles. Il avait, enfin, une originalité sans recherche.

Si les tableaux où il a peint de riches bourgeois, des manoirs, de brillantes cavalcades nous laissent deviner ses habitudes et la société qu'il fréquentait, c'est en voyant ces vastes prairies où paissent de grasses génisses, ces rivières où les eaux éclairées par le soleil offrent la transparence du cristal, ces horizons sans fin, vagues comme une vapeur, qu'on peut reconnaître en lui ce sentiment profond de la nature qui se manifeste aux grands paysagistes et à chacun d'eux selon sa manière particulière de sentir, et c'est à juste titre qu'il a été surnommé *le Claude* de la Hollande.

Suivant Lebrun, les Anglais furent les premiers à estimer à leur valeur les tableaux de

Cuyp. « Les Français, dit-il, ont été longtemps sans apprécier les ouvrages de l'artiste hollandais ; je les ai vu vendre trois et quatre cents florins en Angleterre. Ce grand peintre a traité tous les genres avec un succès égal, et il s'y est montré si parfait que nous ne saurions dire dans lequel il a été le plus habile. »

Constatons, pour finir, que les dessins et les eaux-fortes de Cuyp sont encore de nos jours très recherchés.

Le cabinet des estampes de la Bibliothèque nationale de France possède plusieurs eaux-fortes d'Albert Cuyp :

1° Deux vaches dirigées vers la droite, l'une debout, vue de profil, l'autre couchée et vue de trois quarts ; au second plan, deux pâtres dont l'un s'appuie sur un bâton. Le fond est orné de quelques bestiaux ; sur la droite on lit les initiales A. C.

2° Deux vaches vues de profil et dirigées vers la gauche ; la première couchée, l'autre debout.

3° Un groupe de trois vaches, deux vues de profil ; celle dirigée vers la gauche est couchée, l'autre est debout, la troisième également debout est vue de face.

4° Deux vaches dirigées vers la gauche; une debout, l'autre couchée; dans le fond, une rivière et deux bateaux à voiles.

5° Deux vaches, l'une couchée vue de profil, l'autre debout et vue de face.

6° Deux vaches, l'une vue de profil, l'autre couchée la tête tournée vers le spectateur ; sur la droite sont assis deux pâtres, l'un paraît endormi, l'autre plus jeune est vu de dos.

Ces eaux-fortes ont sept centimètres dans tous les sens.

Le musée du Louvre possède six tableaux de Cuyp :

1° *Un Pâturage sur le bord d'un fleuve;* c'est un des plus beaux ouvrages du maître. (Estimé 15,000 fr. sous l'empire, et 35,000 fr. sous la Restauration.)

2° *Le Départ pour la promenade;*

3° *Le Retour de la promenade;*

4° *Une Jeune Fille donnant à manger à une chèvre;*

5° *Un Chasseur tenant une perdrix;*

6° *Une Marine.* (Cette dernière toile, qui laisse à désirer sous le rapport du mouvement des eaux, pourrait bien être de Cuyp père.)

On peut voir, à la galerie impériale de Vienne, un tableau d'Albert représentant *Cinq Vaches dont quatre couchées.*

A la pinacothèque de Munich se trouvent deux tableaux :

1° *Un Cavalier tenant par la bride un cheval sellé ;*

2° *Un Coq et une Poule sur du fumier.*

A Dresde, on voit :
Une Fileuse assise et un Homme couché, l'un et l'autre endormis près d'une habitation rustique.

Le musée d'Amsterdam possède deux toiles d'Albert Cuyp :

1° *Un Paysage montueux orné de figures et d'animaux ;*

2° *Un Choc de cavalerie.*

A La Haye se trouve :
Une Vue des environs de Dordrecht.

A l'ermitage de Saint-Pétersbourg se trouvent :
1° *Des Marines ;*
2° *Un Coucher de soleil ;*

3° *Une Auberge auprès de laquelle un valet d'écurie tient par la bride un cheval gris-pommelé.*

La galerie nationale à Londres renferme :
Un Paysage (effet de soir) *orné de personnages et d'animaux.*

Le Dulwich collège peut se vanter de ses richesses; il possède huit tableaux d'Albert Cuyp :

Les uns représentent des paysages ornés d'animaux de toute espèce; d'autres, des intérieurs de maisons, des marines enrichies de barques et de pêcheurs.

A Hampton-Court, on peut voir une toile très remarquable par la finesse de sa touche, représentant des fleurs et des fruits.

Plusieurs toiles d'Albert Cuyp se trouvent aujourd'hui dans des galeries particulières que le public n'est pas admis à visiter.

Parmi ces tableaux qu'il serait désirable de voir figurer dans les galeries du Louvre, on cite :

1° Un véritable chef-d'œuvre, il représente *Un Paysage.* Un beau seigneur, vêtu d'écarlate, vient de monter sur un superbe cheval gris, tandis qu'un écuyer, vu de dos, se baisse pour lui offrir l'étrier. Le groupe principal est éclairé d'une lumière vive contrastant avec l'ombre de la maison, d'où semblent sortir un seigneur et un cavalier de sa suite ; à droite, l'ombre de l'édifice, tombant sur le terrain, fait opposition à la lumière brillante qui remplit le fond du tableau.

Deux bergers et un troupeau, exposés sur une colline aux rayons du soleil, forment une demi-teinte légère, transition bien ménagée entre les ombres du premier plan et les tons clairs du lointain.

« On ne pourrait trouver nulle part, dit Charles Blanc, une image plus saisissante de la vie, de la tranquillité des heureux du monde, de la chaleur et de la splendeur du jour. »

2° Dans une autre toile dont on a perdu les traces, on voit sortir d'une forêt trois cavaliers, parmi lesquels on reconnaît un seigneur à la magnificence de son costume, à la beauté de son cheval, à sa bonne mine ; un chasseur en livrée, tenant deux chiens en laisse, présente une perdrix à l'un des écuyers, et cette circonstance arrête un instant l'attention des trois personnages. D'un côté, une touffe d'arbres entremêlés de broussailles fait venir en avant les cavaliers ; de l'autre, s'ouvre et s'enfuit un vaste paysage inondé de lumière, où l'on aperçoit des vaches, des habitations au pied d'une colline et de vieilles tours ; c'est sans doute le manoir où retourne le seigneur.

On aime à parcourir des yeux ces lumineuses campagnes et contempler la digne attitude du beau gentilhomme, à l'habit de velours bleu galonné d'or, à la chevelure flottante, coiffé d'une espèce de turban formé par les replis d'une draperie blanche.

Le jeu du clair-obscur tient principalement à la diversité des couleurs locales ; les teintes des deux chevaux bruns et noirs sont opposées à la monture du maître, dont la robe gris-clair et tigrée offre des détails chatoyants d'une vérité à produire l'illusion.

3° Un Paysage d'une rare magnificence, quoique d'une extrême simplicité. Il représente une *Vue de la Meuse*, près de Maestricht ; le fond en est transparent et la perspective profonde. Les arbres qui bordent le fleuve ne sont pas tourmentés et bizarres de forme ; ils sont seulement doucement balancés par la brise, comme pour saluer de leurs branches flexibles le fleuve qui baigne leurs racines. Le ciel est brillant et chaud, mais l'eau rafraîchit la vue, que dans le fond attirent les montagnes.

Ce paysage est animé par des cavaliers. On y voit encore un berger, des vaches et des moutons; la figure principale, qui est à cheval, a une veste jaune dont les manches sont blanches; son manteau est d'un rouge pâle glacé de bleu. L'homme près de lui est vêtu de noir.

Le taureau couché près du berger est noir, la vache derrière lui est blanche; les autres vaches sont différemment marquées de taches fauves et brunes.

ADRIEN BRAUWER

ADRIEN BRAUWER

1608 — 1640

Adrien Brauwer naquit à Harlem, en 1608, et fut aussi méprisable par sa vie crapuleuse qu'estimable dans la peinture. A voir sa mine de gentilhomme, sa moustache fièrement retroussée et son manteau drapé sur son épaule, on n'eût jamais pris Brauwer pour le peintre des paysans avinés, des libertins et des joueurs de bas étage.

Nous savons, par une lettre de Nicolas Six, bourgmestre de Harlem, que la famille de cet artiste était pauvre. Sa mère faisait des modes pour les paysannes. Adrien Brauwer, son fils, était chargé de dessiner à la plume les fleurs, les oiseaux et les divers ornements qu'elle devait broder sur la toile des bonnets et des gorgerettes.

Un jour que François Hals, peintre en grande réputation à cette époque, passait par hasard devant sa boutique, il vit le jeune garçon en train de dessiner et fut frappé du goût dont il faisait preuve.

Il lui demanda s'il voulait apprendre à peindre, et Adrien lui répondit qu'il ne demandait pas mieux, si sa mère y consentait.

Celle-ci, qui était très forte sur les proverbes, branla la tête à cette proposition, et dit à François Hals, qui la pressait de lui donner une réponse, en l'assurant que de son consentement dépendait l'avenir de son fils :

« Durant le temps que l'herbe met à croître, le cheval meurt de faim.

— Qu'à cela ne tienne, répliqua l'artiste, je nourrirai votre enfant jusqu'à ce qu'il soit de force à se suffire à lui-même. »

« François Hals, assure Charles Blanc, tint mal ses promesses; car dès que le jeune garçon commença à peindre, l'idée lui vint de tirer parti d'un talent qui s'annonçait déjà plein de franchise et d'originalité.

» De concert avec sa femme, aussi âpre au gain que lui, Hals séquestra son jeune pensionnaire dans un petit grenier où il le fit travailler du matin au soir, sans relâche, lui donnant à peine de quoi se nourrir. »

Cependant les camarades de Brauwer, ne le voyant plus revenir à l'atelier, s'inquiétèrent de son absence. Ils questionnèrent une servante de la maison qui leur indiqua l'endroit où travaillait le pauvre solitaire; ils montèrent au grenier chacun leur tour, et, par le trou de la serrure, ils le virent en train de peindre de jolis petits tableaux.

Parvenu, grâce à une lucarne qui donnait sur les toits, à entrer en communication avec le prisonnier, l'un d'eux lui proposa de faire *les Cinq Sens* à quatre sols la pièce.

Adrien traita ce sujet, tant de fois reproduit, d'une manière tout à fait neuve, et sans avoir aucun modèle pour le guider.

Un autre de ses camarades lui commanda *les Douze Mois de l'année*, toujours au prix de quatre sols.

Mais ces travaux, qu'il exécutait en cachette, lui faisaient négliger les autres tableaux dont son maître avait le placement assuré. François Hals s'aperçut bientôt que la besogne languissait, et, sous prétexte de punir le jeune drôle de sa paresse, il diminua encore sa pitance.

Brauwer, qu'on prenait par la famine, résolut de s'enfuir d'une maison où on le traitait si mal.

Un beau jour donc, il s'échappa et parcourut toute la ville sans savoir où il allait, ni ce qu'il deviendrait. Il s'arrêta chez un marchand de pain d'épices, en fit provision pour toute la journée, et fut, de là, se placer sous le buffet d'orgues de la grande église.

Pendant qu'il cherchait dans son imagination le moyen de se procurer un état moins malheureux, il fut reconnu par un particulier qui allait souvent chez son maître, et qui devina, à la tristesse, aux vêtements délabrés du pauvre garçon, une partie de la vérité. Il lui demanda la cause de son chagrin, et Brauwer, aussi simple qu'on peut l'être, lui conta naïvement son escapade, et insista sur l'avarice excessive de Hals et de sa femme qui, non contents du profit qu'ils tiraient de son travail, le laissaient mourir de faim, presque nu.

La pâleur et les haillons d'Adrien rendaient son récit plus que probable; il intéressa celui qui l'écoutait. Ce dernier lui garantit pour l'avenir un meilleur traitement et le ramena chez son maître.

Grâce au bienveillant protecteur que le hasard lui avait fait rencontrer, il fut désormais traité moins durement, et pendant quelque temps continua à travailler pour celui auquel il procurait d'importants bénéfices ; car François Hals vendait fort cher ses petits tableaux, qu'il faisait passer pour être d'un artiste étranger et inconnu.

C'était le moyen qu'il employait pour piquer la curiosité des amateurs.

Cependant un pareil abus devait avoir un terme. Parmi les camarades de Brauwer se trouvait Adrien Van Ostade, plus capable qu'un autre de comprendre tout ce qu'il y avait de finesse, de chaleur et d'harmonie dans les ouvrages de son ami. Il lui fit entendre qu'avec un peu d'énergie il pourrait se faire un nom, et il lui conseilla d'aller chercher fortune à Amsterdam, où il savait, de bonne part, que son indigne maître vendait ses tableaux à haut prix.

Brauwer se laissa facilement persuader, et, sans prévenir François Hals, prit le chemin d'Amsterdam. Arrivé dans cette ville, où il n'avait ni parents, ni amis, ni recommandation aucune, le hasard le conduisit à l'auberge de l'*Écu de France*, chez un certain Sommeren, dont le fils peignait assez habilement les paysages et les fleurs.

Les deux jeunes gens ne tardèrent pas à se lier d'amitié, et, pour remercier son hôte du bon accueil qu'il lui avait fait, un jour que celui-ci lui montrait une plaque de cuivre qu'un voyageur avait oubliée dans son auberge, Brauwer lui demanda la permission de l'utiliser, et il peignit *une Querelle* survenue entre des paysans et des soldats ; on y voyait des tables renversées, des cartes jetées par terre, des joueurs qui se lançaient des pots de bière à la tête, et l'un d'eux, grièvement blessé, écumant de rage sur le sol de la taverne, à moitié ivre, à moitié mort.

« Ce tableau, dit Charles Blanc, plein de verve, était peint d'un ton chaud avec beaucoup d'énergie et de vivacité dans les expressions, et l'on reconnut facilement cet artiste prétendu étranger dont François Hals avait vendu si cher les ouvrages. Aussi, M. de Vermandois, riche amateur, lui paya-t-il cette plaque de cuivre cent ducatons. »

C'était une fortune pour le pauvre garçon qui avait débuté par des tableaux qu'on lui payait quatre sols.

Il faillit en perdre la tête, et pendant huit jours on n'entendit plus parler de lui.

Quand il reparut à l'*Écu de France*, sa bourse était de nouveau complètement vide, et quand on lui demanda ce qu'il avait fait de ses ducatons :

« Dieu merci ! s'écria-t-il gaiement, je m'en suis débarrassé. »

Le malheureux avait pris pour du plaisir ce qui n'était que de la débauche.

« En général, fait observer Charles Blanc, les grands artistes aiment leur art. Cependant la peinture ne fut que la seconde passion d'Adrien Brauwer. Boire et se divertir, c'était là son but ; aussi son humeur, naturellement joyeuse, devait forcément dégénérer en effronterie, et il fut d'autant plus habile à peindre les ivrognes, qu'il était sans cesse au milieu d'eux, donnant l'exemple à ceux qu'il prenait pour modèles.

» Un cabaret lui servait d'atelier, et c'est de là que, pour payer sa dépense, il envoyait vendre ses toiles à tout prix ; souvent même, lorsqu'il ne trouvait pas à s'en défaire, il les jetait au feu et en recommençait d'autres auxquelles il apportait plus de soin.

» On rapporte qu'une nuit, ayant été dépouillé de ses vêtements par des voleurs de grands chemins, il s'avisa de se tailler un habit de grosse toile écrue et d'y peindre des fleurs et des ramages, de manière à imiter les étoffes de l'Inde.

» Ayant ensuite donné du lustre à sa toile avec du vernis, il alla se promener par les rues, attirant l'attention des dames, qui s'empressèrent de lui demander ce que c'était que cette nouvelle étoffe et où l'on pourrait s'en procurer de pareille.

» Brauwer, après avoir ainsi intrigué les passants, se rendit, le soir, à la comédie, et fit en sorte de se glisser sur le théâtre à la fin de la pièce; là, tenant en main une éponge mouillée, il se mit à jouer la parade; il invita les dames à bien regarder l'étoffe dont il était le seul fabricant et dont il portait sur son dos l'unique pièce; puis, au grand ébahissement du parterre, il essuya la peinture de son habit avec l'éponge mouillée et montra sa grossière toile.

« C'était, disait-il, comme une image de la

vie humaine dont il fallait faire aussi peu de cas que du méchant habit qui leur avait paru d'abord si précieux et si beau. »

Mais ce ne fut pas le seul tour qu'il joua au public.

« Ses parents, raconte d'Argenville, l'ayant invité à une noce, à cause qu'à cette époque il avait un habit de velours vert tout neuf, il choisit parmi les plats qu'on servit sur la table ceux dont la sauce était la plus grasse, et il en barbouilla son habit, disant que c'était au velours de faire bonne chère, puisque c'était son habit de velours qu'on avait invité. Il jeta ensuite cet habit au feu et alla reprendre ses haillons au cabaret. »

L'humeur bouffonne d'Adrien Brauwer, au lieu de diminuer avec l'âge, ne fit que croître et enlaidir; ce qui, chez un enfant, aurait pu passer pour des espiègleries n'était plus de la part d'un homme que des farces grossières, dignes des lieux que fréquentait leur auteur.

« Heureusement, dit encore Charles Blanc, Brauwer, malgré ses pasquinades, a rendu son nom célèbre par quelques chefs-d'œuvre d'expression, de couleur et de touche, et ses œuvres sont aujourd'hui d'autant plus recherchées qu'elles sont plus rares. La paresse de ce buveur incorrigible qui semblait avoir pris pour devise : *In vino veritas*, a, en quelque sorte, profité à sa gloire. »

Il vécut à Amsterdam jusqu'au moment où il fut contraint de fuir des créanciers dont la patience était à bout; mais comme il était parti pour Anvers sans se précautionner d'un passeport et que les États généraux étaient en guerre avec l'Espagne, il fut arrêté comme espion et incarcéré dans la citadelle.

Il y trouva, dit Houbraken, le duc d'Aremberg, détenu dans la même prison, par ordre du roi d'Espagne.

Le prenant pour le gouverneur de la place, il lui raconta, les larmes aux yeux, ses malheurs, en lui affirmant qu'il était peintre et qu'il avait quitté Amsterdam pour venir exercer son métier à Anvers.

Il offrait d'en donner la preuve si on lui confiait une palette et des pinceaux. Le duc envoya, le même jour, demander à Rubens tout ce qui était nécessaire, lui faisant dire que c'était pour occuper un artiste qui se trouvait dans une position fort délicate.

Rubens se hâta de lui faire passer une toile et des couleurs.

Adrien, sans tarder, prit pour sujet de son tableau quelques soldats espagnols, occupés à jouer aux cartes dans la cour de la prison.

Il retraça la scène qu'il avait devant les yeux avec infiniment d'esprit et de vérité. Jamais l'artiste n'avait mieux réussi.

Le duc d'Aremberg, qui ne se rendait pas compte du mérite de ce qu'il appelait un barbouillage, envoya chercher Rubens, et à peine ce dernier eut-il jeté les yeux sur la toile qu'il s'écria :

« Ce tableau est de Brauwer ! Je reconnais sa touche inimitable. »

Grâce à l'intervention de Rubens, Adrien Brauwer fut bientôt remis en liberté, et l'artiste flamand lui offrit l'hospitalité dans sa maison.

Brauwer ne tarda pas à se déplaire au milieu d'une honnête famille avec laquelle un libertin, habitué à fréquenter les cabarets, devait se trouver mal à l'aise, et, au bout de quelques jours, il disparut d'un logis qu'il trouvait aussi insupportable que la prison d'où il sortait.

De chez Rubens, il se rendit à Bruxelles. Mais,

ayant eu dans cette ville des démêlés avec la police, à la suite d'une violente querelle qu'il avait cherchée à un certain Craesbeck, auquel il donnait des leçons de peinture, il jugea prudent de quitter momentanément la Belgique pour venir se réfugier à Paris.

Il y travailla peu, et après y avoir mené la vie la plus déréglée et vécu misérablement pendant deux ans, il revint à Anvers, où il mourut, à l'hôpital, en 1640.

Charles Blanc rapporte qu'il fut enterré dans le cimetière des pestiférés, c'est-à-dire sur une couche de paille et de chaux, au fond d'un puits.

En apprenant ces tristes détails, Rubens, jaloux de sauvegarder la dignité de l'art, à ce point méconnu, dans les restes d'un artiste dont il appréciait la valeur, fit exhumer son corps, et paya les frais des funérailles qui eurent lieu dans l'église des Carmes.

Quoiqu'ayant pris des leçons d'un peintre dont le faire consiste dans des touches fraîches, hardiment posées et de nature à produire de l'effet à une certaine distance, Brauwer s'était fait une manière qui lui était propre. Ses tableaux ne sont souvent que des ébauches, des esquisses dont l'empâtement est si mince qu'on y voit transparaître le fond d'impression de la toile.

Mais à côté de cette manière, où la conscience fait défaut, il s'en est fait une plus empâtée, se rapprochant d'Ostade et de Rembrandt.

Terminons en constatant que, malgré la grossièreté de ses modèles, la bassesse de leurs actions et la laideur de leurs physionomies, Adrien Brauwer n'en a pas moins réussi à captiver depuis deux siècles les amateurs, et à les enchanter par la chaleur et l'harmonie de ses tableaux.

Brauwer a gravé à l'eau-forte et avec beaucoup d'esprit quelques pièces très remarquables :

1° *Une Compagnie de quatre paysans;*

2° *Une Assemblée où une femme joue du flageolet et deux paysans dansent;*

3° *Trois Paysans qui fument;*

4° *Paysan endormi sur le devant, au fond trois personnages ivres;*

5° *Un Homme de haute taille et une petite femme avec un singe qui fume;*

Charge qui porte l'inscription suivante : *Wats dit vooren gedroech.*

6° *Une Paysanne faisant des galettes;*

7° *Un Paysan allumant sa pipe à un réchaud tenu par une femme.*

Le Louvre ne possède qu'un seul tableau d'Adrien Brauwer :

L'Intérieur d'une tabagie. Un homme, vu de dos, dort sur une table; un fumeur allume sa pipe, et un autre embrasse la servante; dans le fond, deux hommes qui causent avec une petite fille.

A Bruxelles, chez le prince Charles, se trouvent trois ouvrages du même artiste :

1° *Un Homme appuyé sur sa main;*

2° *Une Conversation entre paysans;*

3° *Un chirurgien qui arrache une dent.*

Dans une galerie particulière à Gand, l'on voit une *Tabagie.*

Au musée de La Haye :

1° *Une Assemblée de paysans ivres qui se battent au couteau;*

2° *Des Paysans qui boivent et chantent;*

3° *Des Buveurs qui célèbrent la veille des Rois;*

4° *Une Batterie d'hommes, femmes et enfants;*

5° *Des Libertins dans un lieu de débauche;*

6° *Une Compagnie qui joue aux cartes devant trois paysans de bonne humeur;*

7° *Des Hommes et des Femmes qui se divertissent et qui boivent;*

8° *Des Joueurs au trictrac;*

9° *Des Paysans qui s'égorgent;*

10° *Des Buveurs et des Fumeurs.*

A Dort, chez un particulier, se trouve une toile représentant *des Soldats et des Paysans qui jouent aux cartes dans un corps de garde.*

A Amsterdam, également dans une galerie particulière :

Buveurs et Fumeurs dans une chambre; d'autres qui chantent et jouent à des jeux de hasard.

Au musée de Rotterdam se trouvent :

1° *Des Joueurs au trictrac;*
2° *Un Opérateur.*

A Middelbourg, dans une galerie ouverte au

public, on peut voir *des Paysans qui boivent et qui fument.*

Adrien Brauwer a encore peint une *Tentation de saint Antoine*, dont on a perdu la trace.

GÉRARD TERBURG

1608 — 1681

Gérard Terburg vit le jour, en 1608, dans la ville de Zwol, province d'Over-Yssel; sa famille était ancienne et fort estimée.

Son père, qui avait demeuré pendant plusieurs années à Rome, lui donna ses premières leçons de peinture.

On ne sait quel fut son autre maître à Harlem, qu'il quitta pour voyager; mais ce qui est certain, c'est qu'à cette époque ses ouvrages étaient déjà recherchés, car il était fort habile en fait de portraits.

« Il savait, dit Charles Blanc, donner à ses modèles de la distinction et le caractère qui est la ressemblance morale, plus essentielle peut-être que la ressemblance physique. »

L'historien d'Argenville prétend que Terburg savait imiter même le caractère.

Gérard parcourut, comme son père, l'Allemagne et l'Italie; mais les beautés de Rome firent sur lui peu d'impression, car il ne modifia en rien sa première manière et se contenta du grand débit de ses tableaux, qui fut, en effet, considérable, et le mit en état de paraître avec magnificence au congrès de Münster en 1648.

Le comte de Penaranda, ambassadeur d'Espagne, avait chargé son peintre ordinaire de représenter un *Crucifiement*. L'entreprise était au-dessus de ses forces; mais grâce à Terburg, qui l'aida dans son travail, il s'en tira avec honneur et reçut force compliments.

L'ambassadeur seul, surpris de la beauté de l'ouvrage, soupçonna que son artiste avait dû se faire aider; il le lui fit avouer, et exigea de lui le nom du principal auteur du tableau.

Terburg fut, à cette occasion, présenté au comte de Penaranda, qui lui commanda son portrait.

Houbraken raconte que l'artiste hollandais

avait une singulière manie, qui était de chanter en travaillant. Terburg se mit donc à chanter pendant que le comte posait devant lui ; aussi, le fier et ombrageux Espagnol fut-il surpris de cet acte de familiarité, et, le prenant pour un manque de respect, se leva brusquement et allait se retirer, si Terburg ne se fût hâté de s'excuser sur une habitude dont il n'était pas le maître. Le peintre ajouta, pour apaiser son sévère modèle, que cette irrésistible envie de chanter lui venait toujours dans le moment où il était en bonne veine et se sentait content de sa peinture.

« Puisqu'il en est ainsi, reprit l'ambassadeur, continuez de chanter. »

Et il se remit en place.

Terburg put donc achever son travail, et ce fut à la grande satisfaction du comte et de ses amis.

Après avoir terminé ce portrait, Terburg fit ceux de plusieurs seigneurs, et chacun d'eux voulait se l'attacher ; mais Penaranda lui promit des honneurs et une grande fortune à la cour de son maître, ce qui décida notre artiste à le suivre en Espagne.

Le roi, s'étant fait peindre à son tour par le protégé de son ambassadeur, le créa chevalier, et ajouta à ce titre honorifique une chaîne d'or, une médaille, une riche épée et des éperons d'argent.

Les dames de la cour trouvèrent le pinceau de Terburg si aimable, qu'elles se disputèrent à qui serait peinte de sa main ; on assure même que ses avantages physiques, son esprit, ses succès dans le monde et certains propos galants qu'on lui attribue, peut-être à tort, donnèrent de la jalousie aux ombrageux Espagnols et le forcèrent à partir pour l'Angleterre, où plusieurs de ses tableaux l'avaient précédé.

Une fois à Londres, il fut surchargé de commandes, et le prix excessif qu'il mit à ses portraits ne diminua pas la foule de ceux qui lui en demandaient.

De Londres, il passa en France, où, malgré la concurrence — car Paris renfermait à cette époque un grand nombre d'artistes renommés, — il exécuta pour de riches amateurs plusieurs importants tableaux.

Cependant, malgré le profit et les agréments qui semblaient devoir le retenir à Paris, il quitta bientôt la France pour aller s'établir à Deventer, où il épousa une de ses parentes.

Sa réputation de sagesse lui ayant fait obtenir une place dans le conseil, il fut, quelque temps après, nommé bourgmestre de la ville.

Guillaume III, prince d'Orange, en passant par Deventer, fut supplié par les magistrats de leur donner son portrait comme un gage précieux de sa bonté et un souvenir du séjour qu'il avait fait dans leur ville.

« J'ai mon portrait, dit le prince, peint par Merscher, et je vous en promets une copie. »

On lui représenta alors que celui qui avait donné les premières leçons à Merscher était un des membres de leur conseil, et qu'ils le priaient de se laisser peindre par lui.

Le prince y consentit, et Terburg le peignit avec tant de succès qu'il fit une seconde fois son portrait à La Haye.

Cet excellent artiste eut la prudence d'épargner ce qu'il avait gagné; il sut en user honnêtement pendant sa vie et en laissa encore à ses héritiers.

Il mourut en 1681, âgé de 73 ans, et son corps fut porté à Zwol, lieu de sa naissance.

Terburg avait une spécialité. Il imitait parfaitement les étoffes, surtout les satins.

Il n'a guère fait de tableau où il n'y ait du satin blanc.

Sa couleur est bonne et transparente, et ses œuvres seraient sans prix s'il avait su embellir la nature qu'il a quelquefois copiée trop servilement.

Il prenait, comme Gérard Dow, ses sujets dans la vie privée ; quant à ses portraits, ils sont répandus dans toute l'Europe.

Son tableau capital et le plus précieux représente les *portraits des ministres plénipotentiaires qui étaient au congrès de Münster.*

Bien que les principales figures y soient des portraits fidèlement peints d'après nature, il est impossible de s'apercevoir qu'elles ont posé devant le peintre, tant chacune d'elles est tout entière à la solennité de l'acte qui s'accomplissait. Les diverses nuances de la dignité sont observées très finement; la dévotion espagnole et la gravité protestante s'y reconnaissent au premier coup d'œil. — Le peintre s'y est représenté lui-même et a écrit, sur un cartouche sculpté sur la muraille, ces trois mots latins : *Fax optima rerum.*

Avec moins d'esprit que Metsu, avec moins de goût, il a su pourtant ravir les amateurs, en prenant pour sujets des *Concerts de famille, les Galants tête-à-tête, les Frugales Collations de l'après-midi;* et en choisissant pour ses héros les plus élégants du monde où il vécut, *les Jolis Pages aux manches bouffantes rayées de velours noir,* et *les Femmes blondes à la peau transparente, aux mains potelées, à la taille ronde,* dont le type n'est reproduit nulle part aussi parfaitement que chez Terburg.

La musique était un des motifs que cet artiste affectionnait le plus, et c'est là un de ses traits de ressemblance avec Metsu. Il se plaît à représenter *l'Amour timide* s'exhalant en notes plaintives sur la mandoline. Ordinairement il représente à côté d'une jeune femme quelque gentilhomme en pourpoint de soie noire, dont la fine et large chemise est serrée au poignet par un ruban. Souvent la conversation s'engage devant un clavecin, tandis que l'épagneul de la dame dort sur un fauteuil.

Les ouvrages de Terburg sont très rares; on n'en connaît guère plus de quatre-vingts en Europe; la plupart se trouvent aujourd'hui dans des collections particulières et dans les galeries de l'Angleterre.

Le musée du Louvre renferme quatre tableaux de Gérard Terburg.

1° *Un Militaire offrant des pièces d'or à une femme ;*

2° *La Leçon de musique.* Un jeune cavalier jouant du luth, assis près d'une table où sont posés un cahier de musique, un chandelier et un vase; à droite, une femme lisant, coiffée en nœuds de rubans, tient dans la main un livre de musique; un petit chien sur un fauteuil, une servante qui entr'ouvre la porte et une carte de géographie complètent la composition.

3° *Le Concert.* Une jeune femme, en jupe de satin blanc et corsage jaune, est assise près d'une table et chante en tenant un papier d'une main ; à gauche, derrière la table, debout, un gentilhomme l'accompagne sur un sistre ; à droite, un jeune page apporte un verre sur un plateau d'argent. Sur un barreau d'une chaise on lit : *T. Burg.*

4° *Une Assemblée d'ecclésiastiques.* Ils sont tous vêtus de robes noires avec rabats et bonnets, dans une vaste salle éclairée par de hautes fenêtres. On remarque, à droite, quatre évêques en camail. (Ce tableau n'est qu'une esquisse.)

Au musée d'Amsterdam, on voit :

1° *Les Plénipotentiaires d'Espagne et de la Hollande* qui ont assisté à la conclusion de la paix à Münster ;

2° *L'Instruction paternelle*, surnommée la *Robe de satin*, car cette robe est si parfaite, qu'elle attire toute l'attention du spectateur.

Le musée de La Haye possède :

1° *Un Portrait en pied*, qu'on dit être celui de Terburg lui-même ;

2° *Un Officier ayant à la main une lettre rapportée par un trompette, et une Dame écoutant la lecture de la missive avec la plus grande attention.*

A la pinacothèque de Munich se trouvent :

1° *Le Trompette*. Il remet une lettre à une dame élégante qui est assise à une table. De l'autre côté, une servante apporte un plateau et une aiguière d'argent.

2° *Un Jeune Garçon qui tient un chien sur ses genoux et s'amuse à lui chercher les puces.*

La galerie de Dresde possède les tableaux suivants :

1° *Une Femme en robe de satin blanc, bordée*

d'une dentelle noire. Elle se lave les mains dans un bassin d'argent que lui tient une servante.

2° *Une Dame en robe de satin blanc et fichu noir*. Elle tourne le dos au spectateur et est debout devant une table couverte d'un tapis rouge.

3° *Une Dame en casaquin de velours bleu bordée d'hermine*, jouant du théorbe et regardant un gentilhomme assis de l'autre côté de la table.

4° *Une Jeune Femme assise jouant du luth*, tandis que son maître, debout derrière elle, semble suivre l'exécution du morceau.

Dans la galerie du Belvédère à Vienne, on voit :
Une Dame coiffée de dentelles noires et vêtue d'un casaquin en soie jaune bordée d'hermine. Elle pèle une pomme pour son enfant, qui la regarde avec impatience.

Au musée de Berlin :
L'Instruction paternelle. Répétition du tableau qui se trouve à Amsterdam.

Dans la galerie de la reine d'Angleterre se trouvent :

1° La toile représentant *Une Jeune Fille lisant*

une lettre à sa mère. Elle est vêtue de satin blanc. La mère est de l'autre côté de la table ; un page s'approche tenant un gobelet d'or et une soucoupe. (Ce tableau a été payé 12,500 francs.)

2° *Une Jeune Fille à table.* Elle est habillée de velours pourpre garni d'hermine. Elle reçoit d'un gentilhomme l'invitation de boire un verre de champagne.

A la galerie Bridgewater, à Londres, se trouve :

Une Jeune Fille habillée de satin blanc. Elle tourne le dos au spectateur et tient un cahier de musique ; à droite sont assises deux personnes, un cavalier qui écoute et une dame âgée qui boit un verre de vin.

A la galerie Sutherland :

Un Gentilhomme entre chez une dame et la salue profondément ; dans le fond, trois musiciens. La dame est, comme toujours, vêtue de satin blanc.

Dans la collection de sir Robert Peel se trouve :
La Leçon de musique. Une dame joue du théorbe ; elle est assise à une table de l'autre

côté de laquelle est son maître de musique. Un homme de distinction les écoute.

Ce précieux tableau vient de la galerie du prince de Conti ; il a passé successivement dans le cabinet du duc de Praslin et du prince Galitzin ; sir Robert Peel l'a payé 920 guinées (environ 24,000 francs).

Plusieurs autres tableaux de Terburg se trouvent dans des galeries célèbres de Londres, de Bruxelles, d'Amsterdam, de Turin, de Stockholm et de Copenhague.

JEAN WINANTS

1610 — 1680

Winants vit le jour à Amsterdam en 1610.

De tous les peintres hollandais, cet artiste est le seul dont l'historien Decamps n'ait pas parlé ; cela est d'autant plus singulier que Winants ne fut pas seulement un excellent peintre, mais encore un chef d'école.

Charles Blanc s'est bien gardé de le mettre en oubli, et il nous apprend que Jean Winants fut le propagateur du paysage indigène.

Au lieu de suivre l'exemple de ses confrères qui s'expatriaient pour aller chercher au loin, sur les bords du Rhin ou dans les montagnes du Tyrol, des sites accidentés, agrémentés de torrents et de précipices, lui, Winants, se contentait des humbles et tranquilles aspects de la Hollande. Sans s'éloigner de sa ville natale, il savait découvrir, dans les environs, des paysages pleins de charmes. Il se laissait tenter par les moindres objets, et s'arrêtait devant la première chaumière venue dont il savait toujours tirer parti. Il ne négligeait ni une barrière rustique qu'un chevreau cherchait à franchir, ni un bouquet de hêtre ou un simple accident de terrain.

Malheureusement, rapporte Charles Blanc, Winants avait la passion du jeu, ce qui lui faisait perdre beaucoup de temps ; de plus, il était peu scrupuleux dans le choix de ceux qu'il fréquentait.

D'un esprit caustique, il ne craignait pas d'exercer son humeur railleuse aux dépens de ses confrères ; mais, justice à lui rendre, il ne fut jamais jaloux de leurs succès.

Le fait suivant peut en donner la preuve :

Jean Van den Velde, tout jeune encore, étant venu apporter à Winants ses premiers dessins, déjà très remarquables, loin de se sentir froissé par l'observation que lui fit sa femme, que l'élève pourrait un jour éclipser le maître, il s'attacha sérieusement au jeune artiste et finit par l'associer à ses travaux en lui donnant à peindre des figures dans ses paysages.

En outre de ses paysages, Winants affectionnait certains sujets qu'il répétait volontiers plusieurs fois, comme, par exemple, *un Rendez-vous de chasse, une Halte de piqueurs, un Relai de chiens*, ou, dans un autre ordre d'idées, *un Exercice de manège, une Dispute de maquignons*.

« Winants, dit Lebrun, eut trois manières distinctes :

» La première rappelle celle de Ruisdael ; la seconde est vraie comme la nature ; la dernière est facile, mais elle se ressent trop du désir de faire vite ; on devine que l'artiste était surchargé d'ouvrage et qu'il adoptait un genre expéditif. »

On ne connaît pas au juste la date de sa mort ; certains biographes, mal informés, la placent en 1670. Et cependant, il est avéré que Winants vivait encore à l'époque du décès de son élève, Jean Van den Velde, en 1672, et même, en 1677, car on sait que, dans le courant de cette dernière année, il se fit enregistrer dans la Société des peintres de Harlem.

On doit donc s'approcher de la vérité en plaçant sa mort en 1680.

« Winants, dit Charles Blanc, fut le créateur du genre hollandais, de celui qui consiste à imiter la nature sans chercher à l'embellir, en tirant de grandes ressources de l'expression des moindres choses, à trouver enfin le beau dans le détail. »

Philippe Wouwermans et Adrien Van den Velde se rapprochent de lui dans les tableaux familiers. Paul Potter l'a imité dans le rendu de ses terrains, et sous quelques rapports, Ruisdael lui-même.

C'est dans le paysage intitulé *Lisière de forêt* que Winants a montré tout son savoir-faire. Il y a reproduit, avec un talent incontestable, de vieux chênes ébranlés par les orages et dépouillés de leur écorce, des plantes grimpantes versant les eaux du ciel aux verts gazons émaillés de marguerites, de primevères et de pervenches.

Les œuvres de Winants figurent dans tous les musées d'Europe.

Le Louvre possède trois tableaux de ce maître :
1° *La Lisière de forêt*. (Datée de 1668.)

2° *La Ferme,* dont les figures sont de Jean Van den Velde. (Cette toile est signée par les deux maîtres.)

3° *La Chasse au vol.* (Estimée 15,000 fr.)

Au musée d'Amsterdam se trouvent :

1° *Un Paysage coupé par une route sablonneuse;*

2° *Des Chasseurs et un Troupeau;*

3° *Vue sur une bruyère,* avec figures et animaux de Jean Van den Velde;

4° *Vue sur une habitation de campagne.* (Ce petit tableau est ravissant.)

Au musée de La Haye, on voit :

Un Paysage boisé.

Au musée de Dresde, trois paysages :

1° *Un Site montagneux;*

2° *Une Forêt de hêtres;* sur le devant, une femme conduit un âne.

3° *Paysans avec bétail.* (Ce paysage est remarquable par une vieille muraille percée par une arcade. Les figures sont de Jean Van den Velde.)

La pinacothèque de Munich possède :

1° *Les Chasseurs*. On y voit un gentilhomme monté sur un cheval gris, accompagné d'un homme à pied et suivi de deux chiens. (Figures de Jean Van den Velde.)

2° *Paysans avec bétail*. Un berger avec son bâton; une femme qui porte sur sa tête une corbeille de linge. (Par Jean Van den Velde.)

3° *Une Chasse au vol*. Au milieu passe une dame sur un cheval bai, accompagnée par un gentilhomme sur un cheval gris.

L'Ermitage de Saint-Pétersbourg est riche en tableaux de Winants; il en possède cinq :

1° *Une Chasse à courre*;

2° *Un Voyageur faisant boire son cheval*;

3° *Une Ferme hollandaise*. La scène est égayée par nombre de canards, oies et autres animaux de basse-cour;

4° *Deux Paysages* faisant pendants.

Au belvédère à Vienne se trouve :

Le Cavalier charitable. (Paysage boisé.) Un gentilhomme, monté sur un cheval gris, s'arrête pour assister une pauvre femme et son enfant.

Dans la galerie Dulwich à Londres :

1° *Extérieur d'une fortification.* Un homme en manteau rouge, suivi de deux chiens, passe sur une route.

2° *Une Vue des environs de Harlem.* On y distingue un homme sur un cheval blanc, accompagné d'un serviteur à pied et de trois chiens. (Les figures sont de Jean Van den Velde.)

Au palais de Buckingham, chez la reine d'Angleterre :

Une Chasse au vol, dont les figures sont de Wouwermans.

Chez sir Robert Peel à Londres, deux excellents tableaux du maître :

1° *Une Contrée stérile.* Un voyageur assis au bord de la route avec son chien. (Cette toile a été payée, en 1821, deux cent cinquante guinées.)

2° *Des Paysans avec des vaches et des brebis.* Contrée sablonneuse ; on y voit deux chasseurs peints par Jean Van den Velde. (Cette toile a été payée deux cent cinquante-cinq guinées.)

Dans une vente faite en 1852, à Paris, un *Paysage montueux* a été payé 2,410 fr., et un *Moulin à eau*, 2,400 fr.

Un Paysage avec bestiaux a été vendu, à Londres, 1,205 florins.

ADRIEN VAN OSTADE

1610 — 1685

Adrien Van Ostade naquit à Lubeck, en 1610; quoique d'origine allemande, il fait partie de l'école hollandaise.

De son enfance on ne sait presque rien, car personne de son temps ne s'est préoccupé de recueillir les matériaux d'une histoire de la peinture.

La vie connue de Van Ostade ne commence qu'au moment où on le rencontre à Harlem, dans l'atelier de Franck Vals, peintre à la manière large, aux fortes couleurs, exagérant parfois la tradition flamande.

Adrien Van Ostade avait, au contraire, dans sa peinture, le calme d'un véritable Hollandais.

Son air grave et bienveillant tout à la fois annonçait du reste l'honnêteté de son âme.

Van Ostade avait du génie, et il se fit une manière qui lui était propre; intimement lié avec son camarade Brauwer, ce fut aux conseils de ce dernier qu'il dut d'avoir adopté la voie dans laquelle, après avoir hésité longtemps, il finit par s'engager.

Il avait un certain penchant pour la manière de Rembrandt. Celle de Téniers le tentait au moins autant, mais son ami lui fit observer qu'en imitant on était souvent inférieur à son modèle, et qu'en acquérant moins de gloire on courait le risque de la concurrence.

Il se résigna à être lui-même, et plus tard, sa touche accentuée mais fondue a toujours bien servi l'artiste, lorsqu'il a voulu montrer l'une des qualités précieuses de son talent, l'expression.

Donnons-en pour preuve le petit tableau qui figure dans la galerie du Louvre et dont Charles Blanc, dans sa savante *Histoire des peintres,* nous donne la description suivante :

« Un *Hollandais lisant une lettre.* Cet homme paraît si attentif qu'il provoque à son tour l'attention. Mais que renferme cette lettre qu'il tient de ses deux mains et dévore du regard? Que de choses ne lit-on pas dans les suppositions de son esprit! C'est sans doute un riche armateur qui reçoit des nouvelles d'un pays lointain ; la lettre qui le préoccupe tant, lui raconte sans doute des aventures imprévues arrivées à son navire, des désastres peut-être ; mais l'impassible Hollandais lit cette grave correspondance avec un calme apparent. »

Van Ostade était tranquille à Harlem, où ses tableaux se vendaient bien, quand, en 1672, la nouvelle de l'invasion française vint troubler sa paisible existence et le décida à retourner dans son pays natal, pour y travailler loin des bruits de guerre. Il vendit tout ce qu'il possédait et était en route pour Lubeck, quand, en passant par Amsterdam, il fit la rencontre d'un riche amateur nommé Constantin de Sennepont, qui l'engagea à rester chez lui. Van Ostade hésita d'abord à accepter l'hospitalité qui lui était si gracieusement offerte ; mais on lui fit observer les avantages qu'il y aurait pour lui à séjourner dans une ville aussi considérable, où ses ouvrages étaient estimés, où il trouverait un grand nombre de gens en état de les bien payer, et il se décida à ne pas aller plus loin.

Il se remit donc à la besogne, et il exécuta successivement un grand nombre de dessins qu'il grava à l'eau-forte ; mais malgré son activité et un labeur incessant, il ne pouvait suffire aux commandes qui lui arrivaient de tous les côtés.

Ce fut à cette époque qu'il se maria avec la fille du grand peintre de marine Van Goyen, et en quelques années il devint père d'une nombreuse famille.

« Observateur naïf et profond, peintre consommé, coloriste harmonieux dans l'originalité de ses teintes, Van Ostade, dit Charles Blanc, n'est jamais plus admirable que dans ses tableaux champêtres ; c'est là qu'il met à la fois en lumière toutes ses qualités. »

« Ses tableaux, rapporte un autre historien, sont peints de verve, et l'expression en est si piquante qu'elle fait oublier la trivialité de certains sujets. Il imitait exactement la nature, mais il ne savait pas l'embellir, et cependant, il ne cesse jamais de plaire. Meilleur coloriste que Téniers, qu'il aimait tant, il ne possède pas une touche aussi spirituelle, et s'il n'a pas le talent de ce dernier pour grouper ses figures, il s'en dédommage par d'autres qualités, et la vérité des scènes qu'il représente couvre et rachète ses défauts. »

Pour bien juger le talent d'Adrien Van Ostade, il faut voir le tableau célèbre où il s'est représenté lui-même avec ses nombreux enfants. « Le génie de la Hollande, dit encore Charles Blanc, est là tout entier : esprit de famille, tranquillité d'âme, vie intérieure, rigide et simple. »

Ostade, sa femme et ses huit enfants sont rangés dans une grande pièce, doucement éclairée et dont tout l'ameublement consiste en un grand lit à colonnes. Le ton de la muraille est d'un gris tirant un peu sur le vert, qui sert de base à l'harmonie du tableau. Sur cette teinte agréable s'enlèvent les cols blancs et les vêtements noirs de tous les membres de la famille. Les filles et les garçons ont le masque écrasé, le nez rond, les pommettes saillantes, l'œil vif, et ressemblent à leurs parents.

Ils sont également remarquables par l'uniformité de leurs costumes; toutes les têtes sont découvertes, seul Van Ostade a son chapeau sur la tête. La maison est d'un aspect austère; on ne voit sur le parquet ciré que deux ou trois fleurs échappées au bouquet que les enfants sont venus offrir à leur père, car à l'expression des physionomies et à voir chacun endimanché, on devine que la petite famille est dans un jour de fête domestique et intime. Tout dans ce tableau dont la lumière est amortie, sans aucune coquetterie dans le choix des tons, respire la paisible félicité d'une famille unie, depuis le père qui tient la main de sa femme serrée dans la sienne, jusqu'au plus jeune enfant qui offre des cerises à sa petite sœur.

Van Ostade, comme nous l'avons dit plus haut, cultiva la gravure à l'eau-forte, et le grand mérite de ses ouvrages en ce genre, consiste dans la gaieté des sujets et la vérité de l'expression. Ce sont d'excellentes copies d'une nature triviale. Quelquefois il a su tirer un heureux parti de ce clair-obscur, dont il a fait un usage si séduisant dans ses tableaux.

Les amateurs conservent avec soin dans leurs portefeuilles les estampes dont les meilleures sont les suivantes :

1° *Le Veilleur;*
2° *La Famille;*

3° *La Grange;*
4° *Le Charlatan;*
5° *La Danse au cabaret;*
6° *L'École;*
7° *La Chanteuse;*
8° *Le Goûter.*

Quant à ses tableaux, on en trouve dans tous les musées et galeries particulières.

Adrien Van Ostade, dont la carrière avait été si bien remplie, s'éteignit doucement à Amsterdam, en 1685, à l'âge de soixante-quinze ans.

Le musée du Louvre possède sept toiles d'Adrien Van Ostade, dont les plus remarquables sont :

1° *Le Maître d'école;*
2° *La Famille du peintre;*
3° *Le Marché aux poissons.*

Ces trois tableaux sont de véritables chefs-d'œuvre.

Paris possédait autrefois huit autres tableaux du même artiste ; mais ils lui ont été repris, en 1815, par les commissaires des Pays-Bas. Le plus précieux que l'on met au nombre de ses chefs-d'œuvre représentait *des Paysans qui écoutent, à la porte de leur chaumière, un chansonnier ambulant qui s'accompagne de son violon.* C'est dans cette composition originale qu'Adrien Van Ostade a déployé toute la verve et tout le piquant de sa manière.

Au musée de Munich se trouvent cinq tableaux du maître :

1° *Une Nature morte; des vases, des fruits, des poissons* et *un coq mort.*

2° *Un Cabaret hollandais où se battent des paysans que leurs femmes cherchent à séparer.*

Les trois autres représentent *des buveurs et de jeunes villageois.*

(Compositions charmantes d'esprit et de verve.)

Le musée de Dresde renferme cinq tableaux d'Ostade, plus deux copies de l'artiste hollandais.

Le musée royal de Berlin ne possède qu'une seule toile d'Ostade; elle représente *une Vieille Femme sous un berceau de vigne,* que l'on suppose être la mère de l'auteur.

L'Ermitage, à Saint-Pétersbourg, ne renferme pas moins de vingt tableaux du maître, parmi lesquels une série des *Cinq Sens*, et quelques charmantes scènes d'intérieur.

Au musée royal de Madrid se trouvent quelques petites toiles d'Ostade, pleines d'esprit et de gaieté.

Le musée de La Haye renferme neuf tableaux du même peintre :

1° *Une Femme qui joue avec un enfant et quatre autres figures qui regardent;*

2° *Une Famille de cinq personnes se chauffant;*

3° *Des Paysans qui dansent au cabaret;*

4° *Une Femme qui fait la lecture à deux hommes;*

5° *Un Paysage orné de plusieurs bêtes à cornes;*

6° *Un Petit Fumeur;*

7° *Une Femme qui dévide du fil;*

8° *Deux Hommes qui fument et boivent;*

9° *Un Vieillard avec un bonnet noir.*

Dans une galerie particulière, à Rotterdam, se trouvent :

1° *Une Femme qui épluche des moules;*

2° *Des Enfants qui jouent avec un chien;*

3° *Des Paysans qui regardent un homme qui joue d'un instrument.*

A Middelbourg, également dans une galerie particulière :

Une Assemblée de paysans à la porte d'un cabaret.

A Dort, dans la collection de M. Vander Linden, se trouvait autrefois *une Tabagie pleine de fumeurs.* Contre la muraille, est un écriteau sur lequel on lit : *Maison à vendre; il faut s'adresser à Van Ostade.*

Dans la galerie de sir Robert Peel, à Londres, on peut voir *l'Alchimiste.* L'exécution de ce tableau est d'une rare perfection, et au dire de l'écrivain Waagen, dans son voyage artistique en Angleterre, ce tableau a coûté à son propriétaire actuel la somme de huit cents guinées.

Dans la galerie de Bridgewater, on voit *une Partie de trictrac jouée par des paysans.*

Dans la galérie de lord Ashburton :
1° *Un Village orné de treize figures, d'une charrette attelée d'un cheval blanc, de porcs et de volaille;*

2° *Un Homme et une femme auprès d'une table;*

3° *Trois Paysans en train de boire et de jouer.*

Chez M. Stope, également à Londres, un tableau représentant *une Vieille Paysanne sur le pas de sa porte, causant avec un jeune garçon.*

Parmi les toiles composant la collection de M. Beckford, toujours en Angleterre, figure un beau tableau d'Ostade, représentant *Six Paysans autour d'une table.*

Cet ouvrage a été vendu quatre cents guinées, en 1821.

Enfin chez le marquis de Bute, à Laton-House, se trouve un délicieux petit tableau, représentant *un Homme de loi dans son cabinet, lisant un écrit.*

GABRIEL METSU

1615 — 1669

Metsu est originaire de la ville de Leyde, où il vint au monde, en 1615.

Suivant Houbraken, cet artiste, après avoir vécu en grande réputation, mourut à Amsterdam, en 1658, de l'opération de la taille; mais des biographes mieux informés affirment que la date de sa mort doit être fixée en 1669, comme elle l'est, du reste, dans le manuel publié par Alexandre, à Bruxelles, en 1806.

« Metsu, dit l'historien Decamps, fut, sans contredit, un des plus grands peintres de sa nation. »

On ignore quel fut son maître; mais ce qui est

certain, c'est que les tableaux de Gérard Dow et de Terburg lui servirent de modèles.

Dans sa jeunesse, il se fit connaître à Amsterdam par les talents les plus distingués et par ses qualités sociales; mais sa carrière fut, hélas! trop courte. Il l'avait abrégée par l'étude sédentaire et continuelle à laquelle il se livra, malgré la cruelle maladie qui devait l'emporter.

Metsu dessinait admirablement; il n'y a ni raideur dans ses figures, ni gêne, ni froideur quand il imite la nature. Ses sujets sont bien choisis, pleins de noblesse, de vérité, et l'on s'aperçoit qu'il travaillait avec la plus grande facilité. Sa touche est pleine de finesse; sa couleur rappelle celle de Van Dyck, et il modelait comme ce dernier les mains et les têtes. Ses physionomies avaient de la grâce et, en même temps, du caractère.

Il possédait, dit Decamps, l'harmonie à un point éminent. On a vu, parmi ses créations, une femme habillée en rouge, et derrière elle, un lit de la couleur de son costume; la différence dans l'une et l'autre étoffe, et dans la couleur, sans être outrée, est cependant sensible, d'un bel accord et d'un grand effet.

Les grands principes de dégrader chaque ton de couleur selon la moindre distance, d'augmenter les couches de l'air suivant l'espace entre chaque sujet, ont des règles dont Metsu ne s'est jamais écarté.

Metsu peut servir de modèle à tous ceux qui voudront imiter le genre qui a fait sa réputation.

Il y a peu d'années que ses ouvrages sont connus en France; ils y sont rares et extrêmement recherchés. Les mœurs de la Hollande, ses intérieurs, son mobilier, la décoration de ses appartements, tout cela est reproduit dans les tableaux de Metsu avec une netteté incomparable.

N'est-il pas charmant d'entrer, à la faveur d'un Metsu, au fond de ces intérieurs où pénètrent si difficilement les étrangers?

Parfois, c'est par une fenêtre qui sert de cadre à son tableau que l'artiste donne accès au spectateur dans le boudoir des femmes à la mode, et les fait surprendre, devant leur toilette, essayant une robe nouvelle que vient de leur apporter la couturière; tantôt c'est une dame occupée à cacheter une lettre que la servante va porter à la poste.

Ce serait pour tout autre peintre un épisode banal; mais, grâce au fini de l'œuvre, à la finesse de la touche, Metsu attire et retient longtemps le regard.

Comment, en effet, ne pas se demander : A qui donc écrit-elle, cette charmante personne que le peintre a figurée, présentant la cire d'Espagne à la bougie? Et comment expliquer l'imperceptible sourire de cette servante qui attend la missive, le tablier relevé sur la hanche et sa tasse de lait à la main?

« L'expression chez Metsu, dit Charles Blanc, est tellement fine, que souvent elle n'est pas saisissable au premier coup d'œil; les visages de ses Hollandaises paraissent d'une tranquillité désespérante, d'un flegme inaltérable. C'est à peine si l'on y voit poindre un sourire; cependant, si l'on y regarde de bien près, on verra qu'il n'est pas une de ces figures qui, même dans le calme le plus parfait, n'ait un certain jeu de physionomie. »

Nous citerons, par exemple, *la Femme charitable*.

Nous conduirons le lecteur à la porte d'une maison hollandaise, située dans une rue écartée.

On y monte par deux degrés; un banc en fer ouvragé se trouve sur la droite, et la maîtresse du logis y est assise. Un petit mendiant vient à passer; il demande une aumône que la dame lui donne gracieusement, et pour bien faire voir que ce sont les habitudes de la maison, Metsu a placé sur le premier plan un petit chien, qui, accoutumé, sans doute, à voir les pauvres s'arrêter à la porte, regarde le petit mendiant sans aucun signe de surprise, sans aboiements, sans inquiétude, de telle sorte que la générosité de la maîtresse de la maison est pour ainsi dire exprimée deux fois dans le même tableau.

Cette composition charmante est un chef-d'œuvre de naturel et de sentiment.

L'œuvre de Gabriel Metsu se compose de cent vingt-cinq à cent cinquante tableaux.

Le musée du Louvre possède huit toiles de ce maître :

1° *Le Marché aux herbes d'Amsterdam.* (Ce tableau, véritable chef-d'œuvre, a été estimé sous l'empire 36,000 fr.)

2° *La Ravaudeuse.*

3° *La Peleuse de pommes.*

(Ces deux derniers tableaux ont été gravés par Daulée.)

4° *Une Femme à son clavecin.* (Tableau d'une admirable qualité.)

5° *La Femme adultère.*

6° *Le Militaire galant.* (Tableau d'une exécution et d'un effet remarquables. Estimé sous l'empire 21,000 fr.)

7° *Le portrait de l'amiral Tromp*, à mi-corps.

8° *Le Chimiste.* (Estimé sous l'empire 5,000 fr.)

La galerie royale de Dresde renferme sept compositions du maître :

1° *Le Marchand de volaille*, daté de 1662. (Estimé 15,000 fr.)

2° *La Pourvoyeuse*, composition de trois paysans. (Estimée 12,500 fr.)

3° *Le Vendeur de gibier*. Deux figures, un chien et plusieurs pièces de gibier.

4° *La Fumeuse*, tableau d'un fond obscur.

5° *La Faiseuse de dentelle.* Un seul personnage avec un chat à ses pieds. (Ravissant tableau estimé 10,000 fr.)

6° *Les Propos galants.* Dans un cabaret, un

jovial cavalier, tenant un verre en main, passe le bras autour du cou d'une jeune fille ; dans le fond, l'hôtesse marque à la craie, sur une ardoise, la dépense de notre égrillard. (Ce tableau, portant la date de 1667, a été vendu 15,000 fr.)

7° *Une Jeune Fille lisant une lettre.*

La pinacothèque de Munich renferme deux Metsu :

1° *La Fête du roi de la fève.* Une société à table dans une chambre rustique.

2° *La Cuisinière hollandaise.*

Au belvédère, à Vienne, se trouve un beau Metsu :

Une Ouvrière en dentelle.

Au musée d'Amsterdam, on voit :

1° *Un Vieillard tenant une pipe et un pot de bière.*

2° *Un Homme et une Femme à table.*

Au musée royal de La Haye :

1° *Une Société de trois personnes faisant de la musique.* (Sujet gravé par Watson.)

2° *La Justice.* Sujet emblématique.

3° *Un Chasseur tenant à la main un verre de vin.*

Au musée de l'Ermitage, à Saint-Pétersbourg :

1° *La Visite des couches.*
2° *Le Déjeuner hollandais.* Un déjeuner de famille, auquel prennent part le stathouder Guillaume II, sa femme, Marie d'Angleterre, et leur fils, depuis Guillaume III.
3° Plusieurs autres *scènes d'intérieur.*

Au musée royal de Berlin, un tableau représentant :
Une Femme malade.

Au musée du roi à Madrid :
Une Poule noire.

A la galerie de Florence :

1° *Une Femme qui accorde un luth;*
2° *Un Chasseur qui présente du gibier à une dame.*

Plusieurs autres tableaux de Metsu se trouvent aujourd'hui dans des galeries particulières. Parmi les plus remarquables, nous citerons :
L'Épagneul favori.

La Dame évanouie. (Tableau d'une rare beauté. Il a été vendu 7,500 fr.)

Le Corset bleu. Composition de deux figures avec un bel épagneul. (Payé, en 1829, 14,000 fr.)

Jeune Femme lisant une lettre.

La Correspondance intime. On voit, contre le mur, un tableau d'animaux dans un cadre ouvragé. (Ces deux dernières toiles, qui se font pendants, ont été payées 25,000 fr.)

Une Vieille Femme assise à la porte d'une maison. Elle donne à manger à un épagneul qui la regarde.

Le portrait de Metsu, à cinquante ans. (Il a été estimé 15,000 fr.)

La Leçon de chant. Un jeune homme, tenant un cahier de musique, se dispose à chanter, tandis que son maître accorde un violon.

(Ce ravissant tableau, un des meilleurs du peintre, a été estimé 10,000 fr.)

Le Cavalier. Il est arrêté à la porte d'un manoir; une femme lui verse à boire, tandis qu'un domestique tient la bride de son cheval.

Une Jeune Fille dessinant d'après un buste, placé sur le devant d'une table.

C'est une des perles de l'art.

Le Joueur de violoncelle. Composition de trois personnages, avec l'épagneul favori. (Ce tableau doit appartenir aujourd'hui à la reine d'Angleterre, avec un portrait de *Metsu à l'âge de trente-cinq ans.*)

La Vendeuse de harengs.

La Collation. Une dame, un monsieur et leur enfant mangent des fruits.

La Lettre dictée. Une jeune femme écrit sous la dictée de son père, qui la regarde d'un air colère.

La Marchande d'huîtres.

L'Indiscret. Une femme, élégamment vêtue, procède à sa toilette, aidée de sa femme de chambre; elle s'oppose à l'entrée d'un jeune homme dans l'appartement. Une autre dame, à demi vêtue, exprime le déplaisir que lui cause la hardiesse de l'indiscret.

Une Faiseuse de crêpes.

Une Marchande qui vend un morceau de saumon à une dame.

Une Femme malade. (Ce tableau a appartenu au prince Eugène de Beauharnais.)

Une Femme assise, ayant un livre sur les genoux; un page lui présente une lettre.

(Cette toile se voyait autrefois dans la galerie du prince d'Aremberg.)

La Fille d'Hérodias.

Une Revendeuse entourée de ses marchandises ; elle est endormie et volée par un petit garçon.

Une Femme assise devant la cheminée, jouant avec un chien alléché par l'odeur d'une gauffre qu'une servante porte sur une assiette.

La Toilette de l'amant.

La Petite Causeuse.

(Ces deux dernières toiles ont appartenu à Son Altesse Royale le duc de Berri.)

Le Chasseur endormi, provenant de la collection du cardinal Fesch. (Ce tableau fut vendu à Rome, en 1845, l'énorme somme de 74,790 fr.)

Il y avait dans la même galerie *un Crucifiement,* qui fut payé par un amateur 5,670 fr.

Metsu signait ses œuvres de différentes manières, tantôt sur des pancartes accrochées à la muraille, tantôt sur un papier à demi roulé, tantôt encore sur des meubles.

PHILIPPE WOUWERMANS

1620 — 1668

Philippe Wouwermans, né à Harlem, en 1620, reçut ses premières leçons de son père, Paul Wouwermans, peintre d'histoire; de Varbeck, et enfin de Winants.

Ce dernier se hâta de rectifier les principes défectueux que son élève avait reçus dans la maison paternelle. Il lui conseilla de prendre la nature pour modèle, et de ne rien faire à l'avenir sans la consulter avec le soin le plus scrupuleux.

C'est par ce moyen que le jeune artiste acquit plus tard la belle manière que l'on admire dans ses ouvrages, et particulièrement dans ses dernières toiles.

La ville qu'il habitait, la plus pittoresque de

la Hollande, lui permit de faire, sans sortir de son pays, des études sérieuses; mais ses débuts furent très pénibles, et il eut la plus grande peine à se faire connaître.

A l'époque où il commença à peindre ses premiers tableaux, un de ses contemporains, Pierre de Laar, dit Bamboche, avait une véritable vogue, et l'on préféra longtemps l'éclat de ses ouvrages au style plus sage et plus sérieux de l'élève de Winants.

« Wouwermans, dit un de ses biographes, plein de timidité, nuisait lui-même à sa propre réputation par excès de modestie, se contentant du prix modique que les marchands lui offraient de ses toiles, qu'ils allaient ensuite revendre fort cher à l'étranger. Un certain de Witte, entre autres brocanteurs, savait tirer avantage de ce commerce peu délicat; mais un jour, l'humeur difficile de Bamboche, ses prétentions exagérées, firent en faveur de Wouwermans ce que le mérite de l'artiste n'avait pu faire jusqu'alors. »

Pierre de Laar ayant demandé à de Witte deux cents florins d'un de ses tableaux, ce dernier refusa d'en passer par là, et pour faire pièce à l'artiste qui avait de si hautes prétentions, chargea Wouwermans de reproduire le même sujet.

Le modeste peintre exécuta cette commande avec une telle autorité, que ses toiles, à partir de ce jour, commencèrent à être recherchées de toutes parts et enlevées aussi vite que terminées.

Malheureusement pour lui, sa réputation s'établissait à la fin de sa carrière et lorsqu'elle ne pouvait plus guère contribuer à sa fortune.

« Wouwermans, dit Charles Blanc, était le peintre des châteaux et de la vie élégante ; il aimait à représenter les loisirs de la noblesse d'autrefois, de celle qui passe son temps au manège, à la chasse, à faire le coup de pistolet ou à dresser un cheval.

» Il aimait mieux peindre le manoir seigneurial que le toit rustique du paysan. Il préférait, à la bête chargée de sacs de farine, le cheval pétulant et fier du gentilhomme ; c'est là son héros, et si parfois il a peint des batailles, c'est pour faire valoir son modèle de prédilection qu'il est allé voir passer les Suédois de Gustave-Adolphe, leurs cavaliers et leurs chariots ; car les batailles de Wouwermans ne sont pas des fantaisies d'artiste ; ces rencontres furieuses entre huguenots et catholiques, ce sont des pages d'histoire, c'est la trace laissée par la guerre de trente ans.

» Ces nobles seigneurs, qui étaient les heureux du monde, avaient des tiercelets pour la chasse du héron, des limiers pour courre le cerf. Ils eurent, eux et leurs femmes, fraîches et brillantes amazones, dans la personne de Wouwermans, un peintre dont les ouvrages ont duré plus longtemps que leurs châteaux, et seront encore admirés quand leur noblesse n'existera plus.

» Loin d'avoir mené lui-même la vie de château, le peintre de l'opulence mena au contraire une existence modeste, retirée et laborieuse. Il travaillait sans relâche pour subvenir à ses besoins et à ceux de sa nombreuse famille; ce qui explique le nombre considérable de ses tableaux, tous remarquables par la diversité des sujets : ce sont des chasses, des attaques de cavalerie, de simples paysages ou des sites enrichis d'architecture, de beaux jardins, ornés de fontaines et de statues. On peut dire en toute vérité qu'aucun peintre ne l'a surpassé en ce genre. Sa touche est ferme quoique pleine de passion; ses oppositions sont larges et ses plans se dégradent avec la plus rare intelligence. Ses lointains, ses ciels, ses arbres sont une imitation surprenante de la nature. C'est sans jamais déceler l'art qu'il ménage ses lumières, et l'œil passe d'un ton à un autre sans brusquerie et sans presque s'en apercevoir.

» Cette dernière qualité se fait surtout remarquer dans ses derniers ouvrages; ceux de sa première manière offrent des oppositions un peu trop tranchées, qui nuisent à l'harmonie de l'ensemble. »

Houbraken, qui a écrit la biographie de Wouwermans, ne partage pas l'opinion de ses contemporains à l'endroit de la gêne dans laquelle aurait vécu cet artiste; il affirme au contraire que le jour où il a marié sa fille à Henri de Fromantjoie, peintre en réputation à cette époque, il lui a constitué en dot la somme de 20,000 florins.

Dans tous les cas, s'il a pu amasser une pareille somme, ce ne fut qu'à force de travail et de privations, et il trouva sans doute que le métier de peintre était souvent un métier de dupe, car on rapporte que, quelque temps avant sa mort, il fit jeter au feu un coffre rempli de ses dessins et de ses études, en disant à ses amis qui accomplissaient sa volonté :

« J'ai été si mal récompensé de mes travaux, que je veux, si je le puis, empêcher que mon fils, séduit par la vue de mes dessins, n'embrasse une carrière aussi misérable que celle que j'ai suivie. »

Il est curieux, du reste, de comparer l'estimation des œuvres de cet artiste par ses contemporains avec la valeur presque fabuleuse qui leur fut attribuée après sa mort, quand les divers princes de l'Europe, tels que l'électeur de Bavière, Maximilien Emmanuel, et surtout le dauphin de France, fils de Louis XIV, se les disputèrent et les firent enlever à tout prix.

Voici, sur les ouvrages de Wouwermans, l'opinion de Gersaint, un des plus habiles connaisseurs de son siècle.

« Téniers et Wouwermans, voilà les deux peintres qui ont le plus travaillé; cependant leur manière est très opposée. L'une paraît plus facile et d'une plus prompte exécution; l'autre, par la beauté du travail et la fonte des couleurs, semble avoir exigé beaucoup plus de peine et de temps.

» Il fallait que Wouwermans eût acquis une si grande pratique, que ses tableaux ne lui coûtaient aucune peine à pousser à ce grand fini ; il est vrai qu'en les examinant avec attention, on y reconnaît un pinceau facile, gras et nourri, bien éloigné de la sécheresse. Cet artiste a poussé quelquefois ce grand fini un peu trop loin ; ce défaut est plus sensible dans les terrains qui souvent tiennent plus de la nature du velours, que de celle de la terre. »

Il est remarquable que la même opinion ait été exprimée par le peintre poète Gessner dans sa savante lettre sur le paysage.

« J'eus recours à Wouwermans pour ces fuyants légers et suaves qui, éclairés d'une lumière modérée et revêtus d'un tendre gazon, n'ont d'autre défaut que de paraître très veloutés. »

Wouwermans mourut en 1668. On conserve dans les archives de la ville de Harlem un billet de faire part, annonçant la mort de ce grand artiste, dans la quarante-huitième année de son âge, le 19 mai 1668.

Il n'est guère de musée qui ne possède quelques toiles de Wouwermans.

On en compte douze au musée du Louvre.

1° *Le Bœuf gras en Hollande;*

2° *Le Pont de bois sur le torrent;*

3° *Départ pour la chasse;*

4° *Départ pour la chasse au vol;*

5° *La Chasse au cerf;*

6° *Le Manège;*

7° *Intérieur d'écurie;*

8° *Choc de cavaliers;*

9° *Halte de chasseurs et de cavaliers près d'une hôtellerie;*

10° *Halte de cavaliers devant une tente;*

11° *Halte de militaires;*

12° *Paysans conduisant une charrette de foin et arrêtés sur le bord d'un ruisseau.*

Au musée de Dresde se trouvent :

1° *Une Annonciation aux bergers*, peinte dans le ton doré le plus pur, suivant l'opinion de Waagen, le savant conservateur du musée de Berlin, telle qu'il la donne dans son *Histoire des peintres.*

2° *La Prédication de saint Jean-Baptiste,* dont le ton énergique rappelle Isaac Van Ostade.

3° *Le Combat sur un pont.* Œuvre capitale.

La Chasse au cerf, qui se trouve dans la galerie de l'Ermitage, est un chef-d'œuvre.

Le musée de La Haye possède le tableau connu sous le nom du *Chariot de foin*, et une *Grande Bataille* avec des figures d'une dimension exceptionnelle.

La Chasse au faucon, du musée d'Amsterdam, est un chef-d'œuvre de délicatesse sur une petite échelle.

A Munich est un tableau d'une rare harmonie et d'une clarté étonnante; il représente des *Chasseurs poursuivant un cerf, à travers une vaste pièce d'eau*.

On voit encore dans le musée de ladite ville :

1° Une toile qui est un véritable bijou : *un Cavalier descendu de cheval, près d'un pont jeté sur une petite cascade*.

2° *Une Bataille entre les Suédois et les troupes impériales*. Ouvrage de premier ordre par l'action, l'expression de la lutte et le fini de l'exécution.

3° *Un Village pillé par des soldats*. (Pendant du tableau précédent.)

Les musées de Vienne et de Cassel sont riches en tableaux de Wouwermans. L'Angleterre en possède de très remarquables, entre autres *le Coup de pistolet*, un des plus beaux ouvrages du maître au point de vue de l'idée et de la délicatesse de l'exécution.

Dans la galerie de Dulwich se trouvent six toiles, dans lesquelles Wouwermans se montre paysagiste consommé.

Lord Ashburton est l'heureux possesseur d'une œuvre célèbre, *la Ferme au colombier*, dont le ton argentin de la dernière manière du maître s'allie à une étonnante vigueur.

L'œuvre gravé de Wouwermans est très considérable, et l'on recherche de préférence les morceaux dus au burin de Jean Wischer et de Dunker.

Le maître lui-même a gravé une eau-forte. Cette pièce représente *un Paysage*, au milieu duquel se voit un cheval blanc. Le tout est rendu avec une si rare intelligence, qu'on regrette qu'il n'en ait pas produit un plus grand nombre.

WOUWERMANS

(PIERRE ET JEAN)

1625 — 1683 = 1629 — 1666

Les deux frères de Philippe Wouwermans furent ses élèves et eurent une certaine réputation.

Pierre, né à Harlem en 1625, mort en 1683, peignit dans le goût de Philippe, mais il ne l'égala pas. Cependant il dessinait bien la figure et les chevaux; sa couleur était ferme et vigoureuse.

Quelques-uns de ses tableaux rappellent la première manière de son frère.

On voit au Louvre un tableau de cet artiste, représentant *une Vue de la tour et de la porte de Nesle, en 1664*.

On a souvent confondu les œuvres de Pierre et de Philippe ; mais le ton du premier est plus opaque, et sa brosse est moins libre.

Jean, le plus jeune des trois, né à Harlem en 1629, peignait le paysage avec succès. Sa couleur est chaude et variée ; sa touche, libre et facile. Le peu de tableaux qu'il a peints sont fort estimés.

Sa mort prématurée l'empêcha de produire un plus grand nombre d'ouvrages et d'acquérir une réputation plus étendue.

NICOLAS BERGHEM

NICOLAS BERGHEM

1624 — 1683

Nicolas Berghem naquit à Harlem en 1624, et se trouva contemporain des plus grands paysagistes de la Hollande, de Jacques Ruisdael, de Jean Both, d'Everdingen et de Wouwermans. Son père, artiste médiocre, ne peignait que des poissons, des fleurs et des vases d'argent ou de porcelaine. Nicolas reçut ses premières leçons de son père; mais plus tard et successivement il eut pour maîtres Jean van Goyen, Nicolas Moyart, Pierre Grebber, et Jean-Baptiste Werninx, qu'il a surpassé et qui se faisait gloire de travailler quelquefois avec lui.

Son nom de famille était Haerlem, et voici ce

que raconte Karel de Moor, à propos de son changement de nom.

Un jour, Nicolas fut poursuivi par son père, irrité, jusque dans l'atelier de Jean Goyen; mais le maître, plein d'affection pour son jeune élève, le sauva du châtiment qu'il avait mérité, en criant à ses camarades : *Berg hem! Berg hem!* qui signifie en hollandais, *cache-le*. Ces deux mots formaient le surnom qui lui resta.

Berghem, encore jeune et déjà regardé comme un prodige, cessa de fréquenter ceux qui prétendaient lui donner des conseils, et s'enferma dans sa maison pour y travailler, seul, loin de ceux qu'il appelait des importuns. Cependant il resta l'ami de tout le monde, car il était aussi gai, aussi charmant que ses tableaux.

Après la mort de son père, il épousa la fille de Jean Willis, habile paysagiste; mais cette union ne fut pas heureuse. Sa femme était d'une avarice extrême, et ce n'était pas assez pour elle que son mari ne sortît pas du matin au soir de son atelier; il fallait qu'il travaillât sans discontinuer, et sa lésinerie était poussée au point qu'elle ne lui laissait pas un sol à sa disposition.

Cette femme, qui connaissait le mépris de

Berghem pour l'argent, son amour des belles estampes, sa promptitude à les payer cher, mettait bon ordre à ce qu'il ne fût fait au logis aucune dépense folle.

Entouré d'élèves qui le chérissaient, il arrivait parfois à Berghem de leur emprunter de quoi payer une estampe qui le tentait, et, après sa mort, on vendit chez lui une collection fort riche de gravures qu'il avait achetées secrètement, en trompant sa femme sur le prix de ses tableaux.

Il travailla quelque temps pour un seigneur qui lui payait dix florins par jour; mais il y perdait, tant il faisait d'ouvrage dans une seule journée, et il gagna plus en retournant chez lui travailler pour le public.

La manière de Berghem est excellente. Il opérait avec une facilité surprenante. Heureux dans le choix de ses compositions, qu'il variait à l'infini, on ne peut aller plus loin quant à la couleur, à la touche, à l'intelligence de la lumière et des ombres. Ce sont partout de grandes masses où les détails n'interrompent point les accords. Il ne négligeait rien; un caillou était fini comme les objets les plus intéressants.

Avec une touche large et pétillante, il tirait des

tons de couleur dans les masses d'ombres qu'il reflétait soit par l'eau, soit par d'autres corps lumineux.

Ses tableaux étaient clairs et transparents, quoique bruns en apparence ; ses figures et ses animaux, d'un dessin correct et touchés avec une grande finesse.

Il est cependant vrai de dire que ses animaux n'ont pas toujours la bonhomie flamande. « Çà et là, dit Charles Blanc, percent quelques intentions de coquetterie et d'esprit, même chez les ânes ; mais après tout, pourquoi non? les ânes sont plus fins qu'ils n'en ont l'air. »

Dans ses paysages, qui tous ont le don de plaire aux yeux, Berghem semble avoir une prédilection pour le chêne.

« L'écorce du chêne, dit Lecarpentier, au sujet de Berghem, dans son *Essai sur le paysage*, l'écorce du chêne a quelque chose d'âcre au premier aperçu ; elle est d'une couleur grise foncée, d'un ton vineux ou brun, suivant les différents terrains où il est planté. Cette écorce, sillonnée du haut en bas en forme de cordes enlacées, lui donne un caractère heurté et rude au toucher, qu'aucun peintre n'a su rendre comme l'artiste hollandais. »

Quand il peint les animaux, Berghem sait tirer un excellent parti de ses taureaux pies, opposer leurs taches noires tantôt à la robe fauve d'une vache voisine, tantôt à la laine plus claire d'une brebis, au poil lustré d'une chèvre.

Charles Blanc rapporte que, retiré dans son château de Benthem, Nicolas Berghem, le peintre de tant d'aimables toiles, y vivait tranquille et riche sans tenir à la fortune, car il disait souvent : « Savoir s'occuper dispense de richesses. »

Il ne cherchait de bonheur que dans la nature, et, des fenêtres de sa demeure, il parcourait des yeux les frais ombrages qui l'entouraient et s'inspirait des nuages qu'il savait si bien moutonner.

Un jour, le bourgmestre de Dordrecht commanda, en forme de concours, deux tableaux, l'un à Berghem, l'autre à Jean Both.

Le prix fut fixé à huit cents florins, avec encore de plus un présent pour celui qui aurait l'avantage.

Berghem peignit un tableau qui passa pour un chef-d'œuvre ; c'était un paysage montagneux, couvert d'une infinité d'animaux de différentes espèces, des vaches, des bœufs, des moutons, des chèvres, etc.; les arbres, les plantes, le terrain, tout était saisissant.

Le tableau de Both était également admirable.

Les deux concurrents présentèrent leur ouvrage, et voici quelle fut la décision du juge, véritable connaisseur :

« Messieurs, vous ne m'avez pas laissé la liberté du choix, et vous méritez tous deux le présent qui a été promis, puisque tous deux vous avez atteint au plus haut but de l'art. »

De pareils jugements font également honneur à ceux qui les rendent et à ceux qu'ils intéressent.

Les tableaux de Berghem étaient presque toujours vendus avant d'être commencés. Il travaillait assidûment et semblait se jouer en opérant; on l'a vu composer et exécuter des tableaux en chantant, comme s'il ne lui en eût pas coûté la plus légère application, et il en fut ainsi jusqu'à la fin de sa vie. Ce qui le fit surnommer *le Théocrite des Pays-Bas*.

Il mourut à Harlem, le 18 février 1583, à l'âge de cinquante-neuf ans, et fut enterré, le 23 du même mois, dans l'église occidentale de la même ville.

« Berghem, dit Charles Blanc, n'a pas été seulement un excellent peintre; ses eaux-fortes, pleines de finesse et de feu, ont été recherchées de tout temps par les connaisseurs. Les plus estimées sont :

1° *Le Berger assis sur la fontaine;*

2° *Le Joueur de cornemuse;*

3° *Le Pâtre courant avec une femme;*

4° *Le Ruisseau traversé,* que Berghem a gravé deux fois.

Ses dessins sont lavés prestement, à l'encre de Chine ou au bistre, sur un trait de plume vif et de bon goût.

Les tableaux de Nicolas Berghem sont répandus dans les principales villes de l'Europe.

Le musée du Louvre n'en compte pas moins de onze, parmi lesquels on doit citer :

1° *Le Passage du Bac.* (Acheté 24,000 fr.)

2° *Le Retour à la ferme.*

3° *Le Gué.* Véritable chef-d'œuvre.

Le musée de Munich en possède également plusieurs, entre autres, *deux grands Paysages.*

Les galeries de Vienne et de Berlin renferment aussi quelques beaux tableaux de ce maître.

C'est dans la galerie de l'Ermitage à Saint-Pétersbourg, dans une salle qui porte le nom de Berghem, que se trouvent les plus belles compositions de l'artiste hollandais. On y remarque particulièrement :

1° *L'Enlèvement d'Europe;*

2° *Des Paysages italiens;*

3° Le tableau qui passe pour le chef-d'œuvre du peintre, *la Halte des chasseurs;*

4° *La Vocation de l'apôtre saint Matthieu.* (Werninx y peignit des oiseaux et du gibier.) Piqué par l'émulation de travailler avec son maître, Berghem s'est surpassé dans l'architecture et le grand nombre de personnages qui figurent dans ce tableau.

Nous donnons ici les titres de quelques tableaux de Nicolas Berghem qui ont figuré dans des ventes publiques à différentes époques :

Une Femme assise sur un cheval; un Homme sur un mulet, et une autre Femme avec son enfant. (Cette toile a été adjugée, en 1770, au prix de 8,252 livres.)

Des Voyageurs ambulants. Deux femmes attentives aux sons que tire de sa guitare un Espagnol. (Tableau vendu 5,100 livres.)

Un paysage intitulé : *Vue des environs de Sienne.*

Le Château de Benthem. (Vendu 11,500 livres. C'est un des plus beaux ouvrages de Berghem.)

L'Oiseleur dans une cabane de paille. (Tableau gravé par Wischer.)

Un Paysan accompagné de son chien. Courbé sous le poids d'un gros fagot, il suit une villageoise à cheval, précédée de deux vaches. (Tableau vendu, en 1817, 12,000 francs.)

Vue d'un village de Hollande. (Estimé 16,000 francs.)

Un Paysage avec des figures. La principale est *Antiochus consultant les oracles.*

Le Passage des montagnes. (Vendu 11,399 fr.)

Le Matin. (Paysage vendu 12,130 francs.)

La Grande Chasse aux cerfs. (Adjugée, en 1822, au prix de 15,100 francs.)

L'Ancien Port de Gênes. (Vendu, en 1837, 13,200 francs. Ce tableau avait appartenu au duc de Berri.)

Jeune Fille qui tire le lait d'une chèvre.

Un Paysage. On y voit des débris d'architecture, une rivière, un pont sur lequel passent des animaux.

Un Lever du soleil.

Un Soleil couchant.

Nicolas Berghem a signé ses tableaux, tantôt *Berchem*, tantôt *Berghem*.

PAUL POTTER

1625 — 1654

Paul Potter était issu de la maison d'Egmont par sa grand'mère. Son grand-père était receveur de la haute et basse Waluwe. Ses ancêtres avaient rempli les charges les plus honorables de la ville d'Enkhuisen, où il naquit, en 1625, de Pierre Potter.

Ce Pierre Potter, peintre assez médiocre, s'était établi à Amsterdam, où il acquit le droit de bourgeoisie le 4 octobre 1631, et où il est mort en 1692.

Paul Potter reçut ses premières leçons de son père, et, dès qu'il fut initié aux principes de son art, il voulut voler de ses propres ailes.

Dès l'âge de quinze ans, prodige dont il n'y a

peut-être pas eu d'exemple, il fut proclamé un maître habile, et les tableaux qu'il peignit à cette époque pouvaient figurer au milieu de ceux des plus grands artistes.

Son père, qui se croyait le droit de continuer à lui donner des conseils, fatigua tellement son élève par des observations dont il ne tenait aucun compte, que, pour avoir plus de liberté, pour suivre la voie dans laquelle l'entraînait son génie, Paul Potter s'enfuit d'Amsterdam et alla habiter La Haye, où il prit un logement à côté de la maison qu'occupait l'architecte Nicolas Balkenende, avec lequel il fit bientôt connaissance.

Balkenende, père d'une nombreuse famille, avait une fille aînée que Potter ne tarda pas à remarquer et dont il devint bientôt amoureux.

Il fut assez heureux pour inspirer les mêmes sentiments à cette aimable jeune personne ; mais lorsqu'il la demanda en mariage à son père, ce dernier lui refusa poliment sa fille, sous prétexte qu'un homme qui ne peignait que des bêtes — c'était là le genre que le fils de Pierre Potter avait adopté — n'était pas digne d'entrer dans la famille d'un architecte.

Le jeune artiste ne se rebuta pas, et, comme

il avait dans la ville un grand nombre d'admirateurs de son talent, il leur fit part de son désappointement. Ils parvinrent à persuader à l'orgueilleux Balkenende qu'il devait s'estimer très heureux d'avoir pour gendre un artiste d'un aussi grand mérite, et, en 1650, revenu de son injuste prévention, il accorda la main de sa fille Adrienne à celui qui jurait de la rendre heureuse.

A partir de ce jour, le beau-père s'engoua de son gendre; il le prôna dans toute la ville, et Potter, de son côté, fit valoir le père de sa femme, qui devint, grâce à lui, l'architecte le plus répandu dans la ville, comme il devint lui-même le peintre le plus surchargé de commandes.

Réglé dans sa conduite, aimable, amusant et parlant bien, il était, à la fois, homme de société et travailleur infatigable.

On rapporte qu'il fut plusieurs fois visité par Maurice, prince d'Orange, qui aimait à le voir peindre et à l'entendre parler.

Quelque temps après son mariage, la princesse Émilie, douairière et comtesse de Zolms, lui commanda un grand tableau pour son appartement.

Potter voulut se surpasser lui-même; mais un

courtisan, jaloux sans doute de la faveur dont il jouissait auprès de la princesse, vint rapporter à cette dernière que l'objet principal du tableau qu'il était en train d'exécuter représentait une vache qui pisse, et que ce sujet était aussi indécent qu'indigne d'être mis dans la place honorable qu'on lui destinait.

Cette critique eut pour effet de faire refuser le tableau qu'on a pu voir pendant plusieurs années chez M. Massart, échevin de la ville d'Amsterdam, et plus tard dans la boutique de M. Bicbum, marchand de tableaux. Ce dernier le vendit deux mille florins à M. Jacques Van Hoek, qui plaça dans son cabinet, vis-à-vis le tableau capital de Gérard Dow, cette toile de Potter, connue sous le nom de la *Vache qui pisse*.

Potter, comme tous les gens de talent, fut en butte à l'envie, et les chagrins qu'il en éprouva le déterminèrent à répondre aux vives instances du bourgmestre d'Amsterdam. Il quitta La Haye pour aller demeurer, en 1652, dans cette grande ville, où il peignit de grands et de petits tableaux qui lui furent commandés par M. Tulp, son protecteur, premier magistrat de la cité.

Potter grava à l'eau-forte toutes les études qui

lui avaient servi à peindre. Ses épreuves sont faites de rien; une pointe badine, pleine de finesse et d'éclat, les rend aujourd'hui aussi précieuses aux yeux des artistes qu'elles l'étaient de son temps.

On rapporte que la seule distraction que l'artiste se permettait, était la promenade; encore la rendait-il utile par des études. Il portait toujours dans sa poche un petit livre de papier blanc, et dès qu'il apercevait quelque chose qui le frappait, il en faisait un croquis. Plusieurs de ses livres de dessins et d'études font l'ornement des collections des amateurs.

Cette application continuelle et ses veilles prolongées ayant peu à peu altéré sa santé, Paul Potter mourut d'une maladie de langueur, au mois de janvier 1654, n'ayant pas encore trente-neuf ans accomplis. Il laissait après lui sa veuve et une petite fille de trois ans et demi.

Il fut enterré dans la grande chapelle d'Amsterdam.

Potter fit plusieurs tableaux de grande dimension, mais il est supérieur dans les petits, et est égal en ce genre aux plus grands maîtres de sa nation. Ses œuvres ont le *flou* et la couleur de

Wouwermans. La touche de son pinceau est fine et moelleuse; ses fonds sont agréables et piquants par l'intelligence avec laquelle il distribue la lumière. Voici, du reste, ce qu'écrivait l'abbé de Lamennais dans l'*Esquisse d'un philosophe*, à propos des ouvrages de Paul Potter.

« Quelques peintres hollandais ont su prêter à la nature un langage indéfinissable qui touche, émeut, provoque la rêverie et l'attire doucement en des espaces infinis. Dites-moi par quelle mystérieuse magie ils nous retiennent des heures et des heures en contemplation devant ce que la nature a de plus ordinaire et de plus simple en apparence : une prairie avec un ruisseau et quelques vieux saules; une vallée que traverse un torrent grossi par l'orage, dont les derniers restes, où se jouent les feux du couchant, fuient et se dissipent à l'horizon; sur une grève déserte, une cabane au pied d'un rocher nu, la mer au delà, et, dans le lointain, une voile qui s'incline entre deux lames, sous l'effort du vent.

» Ne voit-on pas qu'ici c'est la pensée de l'artiste, sa vie intime qui se communique à tous et s'empare de vous; c'est l'art qui vous emporte sur ses ailes puissantes en des régions plus hautes que tout ce que peuvent atteindre les sens.

» Ne discernez-vous pas sous la forme extérieure, dans les animaux de Paul Potter, une vie propre à chacun d'eux, une manifestation de leur nature essentielle, typique. L'allure, la pose, le regard, tout parle en eux. »

Donnons, pour terminer, l'opinion de Charles Blanc au sujet de la *Vache qui pisse* :

« Franchement, il est difficile de ne pas donner raison au courtisan qui conseilla de refuser le susdit tableau. L'art ne doit pas être l'imitation de la nature prise au hasard et sur le fait ; l'œuvre du peintre doit être le miroir de la création, mais un miroir intelligent qui nous la montre belle jusque dans sa laideur, et jamais laide dans sa beauté. »

Le musée du Louvre possède deux toiles de Paul Potter :

1° *Des Bœufs et des Moutons dans une prairie* ;

2° *Deux Chevaux à l'auge.*

La galerie impériale du Belvédère à Vienne ne possède que deux copies d'après Potter.

A la pinacothèque de Munich, se trouve un seul tableau, représentant *un Paysage orné de figures et d'animaux.*

La galerie de Dresde renferme trois tableaux du maître :

1° *Une Forêt*, avec figures peintes par Van den Velde ;

2° *Des Bestiaux conduits au pâturage ;*

3° *Un Cheval et quelques pièces de bétail dans une prairie.*

La galerie de Copenhague en possède deux :

1° *Deux Vaches à plusieurs milles, et, au fond, un village imperceptible ;*

2° *Une Prairie où se trouvent des vaches.*

Le musée d'Amsterdam possède quatre tableaux :

1° *Un Riche Pâturage*, orné au premier plan d'un bœuf brun groupé avec un bouc et une génisse, auprès d'un bélier, de deux brebis et d'un agneau. Contre un vieux chêne est assise une femme allaitant son enfant ; un homme joue de la cornemuse ; vers le milieu sont un cheval, un bœuf et une chèvre.

2° *Orphée rassemblant autour de lui des animaux au son de sa lyre.* On distingue l'éléphant, le buffle, le chameau, le lion, la panthère. C'est un des plus beaux ouvrages de l'artiste.

3° *Chasse à l'ours dans un paysage montueux.* Un ours qui se défend contre des chiens;

4° *Un pâtre garde des vaches et des brebis.*

Le musée de La Haye possède trois tableaux :

1° *Un Jeune Taureau avec une vache;*

2° *Des Vaches dont l'une se mire dans l'eau;*

3° *Paysage avec des vaches et des cochons.*

A la galerie de l'Ermitage à Saint-Pétersbourg se trouvent réunies neuf toiles de l'artiste hollandais.

1° *Un Bœuf au pré;*

2° *Un Chien à l'attache;*

3° *Un Savetier sur sa porte;*

4° *Un Jeune Berger gardant un cheval;*

5° *Une Vue d'un cabaret, devant lequel sont arrêtés un chasseur et son valet;*

6° *Une Chaumière devant laquelle une paysanne trait sa vache;*

7° *L'Homme condamné par le tribunal des animaux.*

8° *Un Grand Paysage,* où l'on voit un voyageur à cheval, deux pêcheurs, un pâtre et sa vache;

9° *La Vache qui pisse.* Toile regardée comme le chef-d'œuvre de Paul Potter. Ce tableau fut peint en 1649, l'artiste n'ayant encore que vingt-quatre ans. C'est un paysage sans ombre, sans clair-obscur, sans repoussoir, où le peintre a mis, outre la fameuse vache en question, tout ce qui peut animer un paysage : figures, chevaux, ânes, chèvres, moutons, poules, chien et chat.

Une foule d'autres tableaux du maître se trouvent aujourd'hui dans des collections particulières.

FRANÇOIS MIÉRIS

1635 — 1681

François Miéris vint au monde le 26 avril 1635, et l'on peut dire qu'il illustra par sa naissance la ville de Delft.

Il naquit de parents riches, qui lui donnèrent une bonne éducation.

L'historien Decamps nous apprend que le père de François Miéris était orfèvre et lapidaire. Il destinait son héritier à sa profession, profession à laquelle il devait sa fortune; mais ce dernier n'avait aucune disposition pour le commerce, et on le vit, tout jeune encore, couvrir les murs de sa maison de figures d'hommes et d'animaux, mais avec plus de goût que n'ont ordinairement les essais informes des enfants.

On fit entendre à son père que les plus grands artistes s'étaient ainsi révélés, et il céda en apparence à cet instinct de son fils pour le dessin ; mais peut-être pensait-il au fond qu'en le laissant se perfectionner dans cet art, il n'en serait que plus propre, un jour, au métier de lapidaire.

En conséquence, il le fit entrer dans l'atelier d'Abraham Torenvliet, habile peintre sur verre et le meilleur dessinateur du pays.

Les progrès de Miéris furent rapides, et sa vocation pour le pinceau parut être si décidée, que ses parents, enfin convaincus, lui permirent de se livrer tout entier à son génie.

Gérard Dow devint son maître, et cet artiste l'appela bientôt *le prince de ses élèves.* Le jeune homme cherchait encore sa voie, et après avoir fréquenté pendant quelque temps l'atelier d'un peintre d'histoire nommé Adrien Van den Tempel, il rentra dans celui de Gérard Dow, dont la manière était définitivement celle qu'il préférait, et il ne quitta cette école que le jour où il n'eut plus rien à apprendre que *la nature*.

A peine Miéris fut-il sorti de chez son dernier maître que ses ouvrages furent admirés et très recherchés ; ce fut au point que le professeur Silvius, pour éviter toute concurrence, lui offrit, non seulement d'acheter tous les tableaux qu'il ferait, mais encore de les prendre au prix que l'on y mettrait.

Cette hardiesse de la part d'un connaisseur comme Silvius redoubla l'émulation des acheteurs; mais un tel succès, loin de donner à notre artiste cette présomption si contraire aux progrès du talent, l'engagea au contraire à redoubler d'efforts et de soins pour mériter de plus en plus l'estime générale.

Silvius, d'admirateur, devint ami du peintre ; il eut la délicatesse de ne pas vouloir posséder seul ses ouvrages, et dans le but d'étendre la réputation de ce dernier, il lui fit exécuter pour l'archiduc un tableau dont voici le sujet :

Une Jolie Marchande dans sa boutique développe des étoffes de soie à un homme revêtu d'un élégant costume. On devine que, s'il les regarde, il est moins occupé de leur beauté que des grâces de celle qui les lui présente.

L'archiduc, enchanté de l'ouvrage, fit payer mille florins à l'artiste, lui proposa un établissement à Vienne, un prix considérable de chacun de ses tableaux, et, de plus, une pension de mille rixdales.

Miéris remercia le prince et s'excusa sur l'attachement qu'avait sa femme pour le pays où elle était née.

Était-ce bien là la raison qui avait engagé Miéris à refuser les avantages qu'on lui offrait? N'était-ce pas plutôt sa fatale liaison avec un de ses confrères, Jean Steen, bon peintre, conteur plaisant, mais débauché incorrigible.

Miéris aimait tant à vivre avec lui qu'il le suivait jusqu'au cabaret, où il passait des nuits à l'écouter et à boire; aussi les mauvaises habitudes qu'il contracta en fréquentant ce dangereux ami lui firent-elles perdre beaucoup de temps.

Ses œuvres, du reste, au lieu de trahir la vie crapuleuse qu'il menait, parvenaient à la dissimuler, et il doit paraître étrange qu'un peintre ait pu traduire tant de pensées délicates quand sa conduite était si peu en harmonie avec ses productions.

Malgré les défauts qu'on aurait été en droit de lui reprocher, Miéris vécut familièrement avec les gens les plus distingués et les plus riches du pays, et cette société, en lui faisant honneur, lui procura aussi un débit très avantageux de ses toiles.

Un des principaux bourgeois de Delft lui commanda, un jour, un tableau dont le sujet est très piquant. Il représente *une jeune Dame évanouie*. Un médecin, qui est près d'elle, cherche à la ranimer par ses remèdes, tandis qu'une vieille femme en pleurs semble demander du secours.

Miéris, rapporte Houbraken, fut payé un ducat par heure pendant le temps qu'il travailla à ce tableau, et il toucha environ quinze cents florins.

Le grand duc de Florence, étant, à cette époque, en Hollande, offrit de *la Femme évanouie* trois mille florins, et il ne put l'obtenir. Ce prince honora souvent l'artiste de ses visites, et lui fit faire pour lui un tableau dont l'ébauche l'avait extrêmement frappé. C'est *une Femme d'une grande beauté, debout et tenant un luth*. Sa robe est de satin blanc; derrière elle est un fauteuil de velours vert dans lequel est une autre dame, dont le déshabillé galant consiste en un petit manteau de couleur pourpre doublé d'hermine; elle tient un verre qu'elle porte à sa bouche. Un domestique attend avec un plateau d'argent pour recevoir le verre vide. Un jeune homme en manteau de velours noir est près d'une table couverte d'un beau tapis; il s'amuse à voir un singe qui mange des confitures qui sont sur cette table. Un rideau de soie entr'ouvert découvre au fond du tableau une galerie d'une belle architecture, dans laquelle un homme et une femme s'entretiennent à l'écart.

Le grand duc fut si content de ce tableau qu'il le paya mille rixdales, et lui en demanda plusieurs autres.

Miéris, pour témoigner au prince sa reconnaissance, lui envoya son propre portrait, grandeur naturelle; il tient à la main un petit tableau qui représente un maître de clavecin donnant une leçon à une jeune personne.

Ce magnifique portrait fut reçu froidement et ne fit obtenir à l'artiste aucune récompense; victime des intrigues de la cour, il se trouvait sacrifié pour avoir refusé de peindre un courtisan jaloux de la faveur dont il jouissait auprès de son maître.

Ce fut à cette époque qu'il peignit le tableau

considéré comme son chef-d'œuvre et connu sous le nom de la *Marchande de soieries*.

Au fond du magasin, devant une haute cheminée, se tient un homme assis, qui est sans doute le mari jaloux de la marchande; il a saisi du coin de l'œil le geste du gentilhomme qui est sensé s'occuper d'achats; mais n'osant pas faire un éclat devant un aussi noble chaland, il se contente de menacer du doigt sa femme, avertissement qui promet une scène pour la soirée.

Nous n'avons pas caché le tort que devait faire à la réputation de Miéris la fréquentation d'un homme dont la mauvaise conduite était notoire; nous avons même laissé entrevoir qu'il avait souvent fraternisé avec Jean Steen dans les mauvais lieux où ce dernier l'entraînait. Nous devons, pour être juste, constater que plus tard il revint à résipiscence, à la suite d'une aventure tragique qui faillit lui coûter la vie.

Voici ce que raconte à ce sujet l'historien Decamps :

« C'était à la suite d'une orgie qui s'était prolongée très tard. En quittant Jean Steen, par une nuit fort obscure, Miéris tomba dans un cloaque que des maçons avaient laissé ouvert;

il y aurait péri si un savetier et sa femme, qui travaillaient dans une boutique voisine, ne l'eussent entendu se plaindre ; on le tira, on le lava, on le mit dans un lit bien chaud et on le ranima peu à peu.

» Le lendemain, Miéris se rhabilla et sortit, mais non sans bien remarquer la maison où on lui avait rendu un si grand service. Il s'enferma chez lui et travailla à un petit tableau qu'il porta, un soir, à ses libérateurs.

» — C'est, leur dit-il, de la part d'un homme que vous avez tiré, une nuit, du plus vilain pas où il se soit trouvé de sa vie. S'il vous prend fantaisie de vous en défaire, portez-le à M. Paats, qui vous en donnera un bon prix.

» La bonne femme, qui avait plus de confiance en son ancien maître le bourgmestre Jacques Maas, fut lui montrer, le lendemain, le tableau, et lui conta toute l'aventure. Il reconnut Miéris à son ouvrage, et assura sa protégée qu'elle ne devait pas céder ce morceau à moins de huit cents florins, et réellement on les lui compta sur-le-champ. »

A partir de ce moment, Miéris rompit avec Jean Steen, et par une contradiction dont le cœur humain est capable, ne pouvant pas souffrir chez les autres le vice dont il n'avait pas su se défendre, il s'empressa de retirer son fils de l'atelier du peintre Gérard de Lomresse, dont il connut trop tard le penchant à l'ivrognerie; il craignait de lui voir contracter de mauvaises habitudes.

Miéris était un homme d'une belle figure, gai, sensuel, ayant l'œil brillant et la bouche épaisse, légèrement accentuée par une moustache fine, comme celle que portaient à cette époque Molière, Richelieu et tous les personnages du temps de Louis XIII. Bien souvent il s'est peint lui-même sous divers aspects, le plus souvent en peintre, quelquefois en militaire ou en simple bourgeois. Il s'est représenté une fois dans son intérieur, s'amusant à tirer l'oreille à un petit épagneul que sa femme tient sur ses genoux.

Gersaint, qui a écrit la biographie de Miéris, ne l'a pas ménagé. Il rapporte que, dans la première partie de sa vie, il faisait une dépense considérable, qui lui occasionna nombre de dettes pour lesquelles il fut mis plusieurs fois en prison. Il eut affaire, entre autres, à un créancier qui l'y retint longtemps, et comme on lui conseillait de peindre quelques tableaux qui pussent lui procurer la liberté, il répondit que la vue des grilles et le bruit des verrous lui rendaient l'imagination stérile.

Il mourut, le 12 mars 1681, à peine âgé de quarante-six ans, et fut enterré, à Leyde, dans l'église Saint-Pierre.

Ses deux fils, Jean et Guillaume, furent du nombre des bons élèves qu'il forma.

Si Miéris peut quelquefois rivaliser avec Terburg et Metsu, s'il est aussi fin que Gérard Dow, il a moins d'élévation dans l'esprit comme aussi moins de noblesse; il n'eût assurément pas fait les touchants tableaux de la *Femme hydropique* et de la *Lecture de la Bible*.

On se demande parfois pourquoi les ouvrages de ce peintre sont de notre temps aussi estimés qu'ils l'étaient il y a deux cents ans; cela tient sans doute à cette recherche de la beauté qu'il eut pendant toute sa vie.

On ne compte que cent cinquante-six tableaux de Miéris.

Le musée du Louvre possède quatre de ses toiles.

1° *Une Femme à sa toilette* ; elle est servie par une négresse.

2° *Deux Femmes vêtues de satin;* elles prennent le thé dans un salon orné de statues. (Ce tableau a été estimé dans une vente 800 francs, et vendu quelques années plus tard 2,500 francs.)

3° *Intérieur d'un ménage.* (Estimé 3,000 francs.)

4° *Un portrait d'homme*, signé F. Van Miéris. (Estimé 4,000 francs.)

Aujourd'hui les toiles de Miéris atteindraient dans une vente publique un prix dix fois supérieur à ces expertises.

On voit au Belvédère de Vienne :

1° *La Jeune Femme malade*, à laquelle un médecin tâte le pouls.

2° *Le Magasin de soieries.* Une jeune femme montre des étoffes à un cavalier qui lui caresse le menton. (Miéris a traité plusieurs fois le même sujet.)

Le tableau qui se trouve à Vienne porte la date de 1656.

A la pinacothèque de Munich se trouvent seize

toiles du maître, parmi lesquelles on remarque :

1° *Son portrait.* Il est coiffé d'un bonnet rouge orné de plumes d'autruche.

2° *Une Dame jouant avec son perroquet.*

3° *Une autre Dame avec son chien.*

4° *Un Déjeuner d'huîtres.*

5° *La Femme malade*, un de ses chefs-d'œuvre. Une dame est évanouie devant son médecin. (Sujet plusieurs fois reproduit par l'auteur.)

A la galerie de Dresde, on compte douze tableaux de Miéris; nous citerons dans le nombre :

1° *Le Diseur de bonne aventure;*

2° *La Courtisane.* Une jeune femme, vêtue de satin mauve, écoute les propositions d'une duègne ; elle est d'une beauté et d'une grâce incomparables.

3° *Le Drouineur.* C'est une composition de plusieurs figures.

4° *Un Jeune Militaire fumant sa pipe;*

5° *Un Atelier de peintre.* L'auteur s'y est représenté avec sa femme, dont le portrait est ébauché sur une toile.

6° Autre *Atelier de peinture*. L'artiste, une palette à la main, est à côté d'un militaire qui examine un tableau commencé.

Au musée d'Amsterdam se trouvent :

1° *La Correspondance*. Une femme assise, occupée à écrire une lettre ; un valet attend ses ordres.

2° *Une Dame jouant de la guitare à la lueur d'une lampe.*

Au musée royal de La Haye :

1° *Le Peintre et sa Femme ;*
2° *Le Portrait d'Horace Schuil*, professeur de botanique à Leyde.

A l'Ermitage de Saint-Pétersbourg :

1° *Le Lever hollandais*. Une jeune femme qui se lève reçoit des gentillesses de son petit chien.

2° *Le Peintre et sa Femme*, en grisaille.

A la galerie de Leuchtenberg :

1° *La Femme à l'oiseau*. Elle tient une cage ouverte et rend la liberté à un oiseau.

2° *La Promenade.* Une dame sur la terrasse d'un jardin ; elle est accompagnée par un cavalier tenant son chapeau à la main, et suivie d'un petit chien. (Cette toile porte la date de 1675.)

A la galerie de Florence :

1° *La Dormeuse.*

2° *Le Jeune Homme au bocal.*

3° *Le Séducteur.* Un vieillard offrant de l'argent à une jeune fille.

4° *Le Portrait du peintre.*

La reine d'Angleterre possède, dans *Buckingham palace,* quatre tableaux de Miéris :

1° *Un Enfant faisant des espiègleries;*

2° *La Femme au perroquet.* (Répétition d'un précédent tableau.)

3° *Un Fumeur.*

4° *Miéris et sa Femme.* (C'est le tableau où il est représenté tirant l'oreille à son chien.)

Voici maintenant les titres de divers tableaux qui ont figuré dans des ventes et se trouvent aujourd'hui chez des particuliers :

L'Enfileuse de perles. Une jeune dame est

assise devant une table couverte d'un riche tapis; à gauche, dans la demi-teinte, une cameriste.

Le Gentilhomme au violon. Il est coiffé d'une toque brune à plumes bleues, porte un habit de soie vert-olive; un violon est posé sur l'appui de la fenêtre.

La Lettre découverte. Une mère reproche à sa fille en pleurs une lettre qu'elle vient de saisir.

La Toilette. Une jeune femme, vêtue d'une casaque de satin bleu, essaye un bonnet devant son miroir.

Un Jeune Garçon faisant des bulles de savon.

Un Marchand de volaille et de gibier.

La Femme aux huîtres. Elle mange des huîtres qu'un homme lui présente; elle porte un manteau rouge doublé d'hermine, et est assise devant une table recouverte d'un tapis de Turquie.

Une Bacchanale. Deux femmes nues et deux satyres qui jouent de la flûte.

Le Rôtisseur.

La Mélancolie. Elle est auprès d'une figure de marbre et d'instruments de musique.

Lucrèce mourante. Une vieille femme consternée est auprès d'elle.

Une Madeleine pénitente.

La Lecture de la gazette. Une femme lit la gazette et un homme semble l'écouter ; un domestique est dans le fond.

Un Concert d'amateurs (six figures). Ce tableau est un des plus importants de Miéris.

JACQUES RUISDAEL

1636 — 1681

Jacques Ruisdael vit le jour dans la ville de Harlem, vers l'année 1636; on ne sait pas au juste la date exacte de sa naissance.

Dès qu'il fut en âge de commencer son éducation, son père, chimiste selon les uns, fabricant de cadres suivant les autres, lui fit apprendre les langues anciennes, la médecine et la chirurgie.

Ruisdael se serait probablement distingué dans cette carrière si son goût pour la peinture ne l'en eût pas détourné.

S'il faut en croire un de ses historiens, il avait déjà fait plusieurs opérations brillantes avant d'avoir commencé à peindre.

Ce fait, que met en avant Houbraken, est évidemment erroné ; car c'est à l'âge de douze ans qu'il fit son premier tableau, et ce n'est pas à cet âge qu'on peut être un habile opérateur.

Pour en revenir à son premier ouvrage, chacun s'accorde à dire que des artistes compétents furent étonnés de sa perfection, et prédirent que l'enfant deviendrait plus tard un grand peintre.

On doit donc conclure de ces rapports contradictoires, ou qu'on a attribué à Jacques Ruisdael une toile peinte par son frère Salomon, plus âgé que lui de vingt ans, ou que le jeune garçon, tout en étudiant la médecine, s'exerçait déjà à manier le pinceau.

Quoi qu'il en soit, il paraît que les parents de Jacques furent impuissants à combattre le désir que témoignait leur second fils, de suivre une autre carrière que celle dans laquelle, suivant leurs conseils, il s'était d'abord engagé.

On le voit, encore jeune, rechercher la société d'un artiste déjà célèbre, Nicolas Berghem, dont l'esprit d'imitation a tant de rapport avec le sien. L'étude qu'il fit de ses ouvrages, de sa manière, de ses procédés, lui fut extrêmement utile, et son propre génie acheva d'en faire le plus habile peintre de paysages qui eût encore existé à cette époque.

Les arbres, les gazons, les eaux, les ciels de Ruisdael sont la reproduction exacte de la nature, quel que soit le sujet qu'il ait traité.

Il a représenté, dans la plupart de ses tableaux, de belles fabriques, des marines et des tempêtes.

Tous les sites qu'il a reproduits sont agréables, sa touche est légère, son coloris vigoureux; il avait coutume de faire peindre les personnages qui devaient animer ses paysages par Van Ostade, Van den Velde, ou encore Wouwermans.

On a prétendu que Ruisdael avait acquis la perfection qu'on admire dans ses œuvres et la variété de tons qui le distingue, en parcourant les campagnes d'Italie avec Berghem. Cependant il paraît certain qu'il n'a jamais quitté la Hollande, et il n'est pas prouvé que Berghem, qu'il appelait son maître, s'en soit jamais éloigné; car rien ne trahit dans ses tableaux l'imitation étrangère, ce sont des sites de son pays aussi variés que peuvent l'être les aspects monotones de la Hollande.

Les sujets que Ruisdael reproduisait de préférence étaient des sites agrestes, de vastes plaines traversées par une rivière, de légères collines, une cabane au bord d'un grand chemin entourée d'arbres, des ciels obscurcis par des nuages que perce un rayon de soleil, un bois épais que coupe une route sur laquelle cheminent des bergers et leurs troupeaux, des voyageurs, des villageois, enfin des rivages, des digues, des jetées au bas desquelles le mouvement des flots rompt l'uniformité de l'horizon sous un ciel nébuleux.

Plusieurs des tableaux peints par Ruisdael jouissent d'une grande réputation; on peut citer entre autres *la Chasse au cerf*, qui se trouve dans la galerie du roi de Saxe à Vienne.

« Jamais, dit Charles Blanc dans son *Histoire des peintres*, ce sujet n'a été traité avec autant de vérité; on ne voit que la forêt et le cerf près d'être saisi par les chiens; les chasseurs, encore inaperçus, ne détournent pas l'attention de l'objet principal de l'artiste, qui était de peindre un bois sous l'aspect le plus sauvage et le plus sombre. »

Un autre tableau que possède le Louvre, *un Coup de soleil*, jouit, dans son genre, d'une célébrité non moins grande comme non moins méritée.

« Un rayon de soleil qui perce un ciel orageux, éclaire en partie une vaste plaine arrosée par une rivière que traverse un pont, et animée par des moulins à vent; les figures sont de Wouwermans. Jamais, dans le genre du paysage, l'imitation de la nature n'a été poussée plus loin; un tableau de ce mérite suffirait seul pour faire la réputation d'une galerie, et c'est seulement aux inimitables toiles d'un artiste moderne du célèbre paysagiste Camille Corot qu'il pourrait être comparé. »

Ruisdael n'était pas moins estimable par ses qualités que par son talent. Comme l'artiste français que nous venons de citer et qui resta garçon pour ne pas se séparer de sa vieille mère, qu'il adorait, l'auteur de la *Chasse au cerf* ne voulut pas se marier pour que rien ne l'empêchât de consacrer tout son temps à la vieillesse et aux infirmités de son père.

Ruisdael mourut à Harlem, le 16 novembre 1681, peu de temps après celui qu'il avait entouré des soins les plus dévoués et dont la perte l'avait profondément affecté.

Tout en se tenant toujours près de la nature qu'il imitait, Ruisdael ne s'en est jamais montré l'esclave servile, et il sut exprimer, à chacun de ses paysages, un caractère particulier qui révèle son originalité; jusque dans les rares et précieuses eaux-fortes qu'il grava, on remarque chez lui une recherche constante de la vérité unie à une interprétation savante, témoignage authentique du sentiment qui animait l'artiste dont Charles Blanc nous dépeint ainsi le caractère :

« Passion grave, émotion profonde et contenue, conscience religieuse de l'essence divine cachée au sein de la nature, c'est l'âme et la force de Ruisdael, c'est sa grandeur. »

On a dit qu'il s'appliqua à copier Berghem. Il n'existe aucune ressemblance dans la touche ni dans la couleur de ces deux maîtres; aussi a-t-on souvent remarqué que les paysans réjouis et de rouge habillés que Berghem introduisait parfois dans les tableaux de son ami, faisaient disparate avec la teinte sombre et sérieuse des paysages de ce dernier.

« Si l'on veut comprendre les séduisantes beautés que Ruisdael savait répandre dans ses œuvres les plus simples, il faut, dit encore l'auteur de l'*Histoire des peintres*, s'arrêter, avec un respect religieux, devant cette toile célèbre qui représente *le Cimetière des juifs à Amsterdam*. Trois ou quatre tombes, composées de larges pierres taillées dans un style simple et même grossier, sont semées en désordre au pied d'un grand orme ; l'herbe et les plantes sauvages croissent sur le sol inégal et pierreux, rarement foulé par le pied des hommes ; au fond, on aperçoit un massif d'arbres touffus que surmonte l'aiguille d'une chapelle. Le ciel est sombre, mais en ce moment un rayon de soleil splendide glisse entre deux nuées et tombe sur le champ du repos ; l'éclat de ce soleil est éblouissant ; la blancheur des pierres funéraires, vivement éclairées, est soutenue encore par les fortes ombres qui couvrent les autres objets ; on dirait la mort et la vie, mais la splendeur de ce jour a quelque chose de froid et de blafard qu'il est impossible de définir. »

« Ruisdael, dit Taillasson qui a écrit l'histoire de cet artiste, aimait à peindre les coins de bois mystérieusement éclairés, favorables aux rêveurs, où l'on se repose avec un livre, bientôt laissé pour les pensées auxquelles on se plaît à s'abandonner. Ces lieux sont presque toujours divisés, enrichis par de limpides ruisseaux, qui dans leur marche lente s'embellissent de l'image du ciel qui les éclaire, et de celles des terrains et des arbres dont ils entretiennent la fraîcheur et qui les garantissent des feux dévorants du soleil ; quelquefois des canards, des oies, des cygnes argentés viennent sur ces mers pacifiques entreprendre des voyages qui ne sont pas de long cours. »

Le nom de Ruisdael signifie *eau courante*. Cet artiste, suivant Decamps, semblait prédestiné à reproduire des cascades et des chutes d'eau. Ce qui est certain, c'est qu'il est unique dans ce genre, peu de peintres ayant essayé de reproduire la transparence et le luisant de l'eau que l'on voit dans ses toiles. Sous son pinceau, l'eau tombe, écume, se tord avec les débris qu'elle entraîne ; elle accourt vers le gouffre qui l'attire, elle se précipite ; on la voit se heurter à la rude écorce des arbres et rejaillir sur le fond inégal du terrain.

Ruisdael a peint de superbes marines, mais il s'est contenté de reproduire les environs d'Amsterdam, et l'on ne trouve dans aucun tableau du peintre hollandais une poésie aussi touchante que celle qu'il a mise dans les siens.

On rencontre parfois aux étalages des marchands d'estampes une gravure d'après Ruisdael, au bas de laquelle est écrit : *Vue des environs de Rome*. On pourrait en conclure que cet artiste a fait le voyage d'Italie; mais en examinant la gravure en question, on n'y voit rien qui justifie le titre qu'elle porte. C'est un paysage dont le ciel est triste et couvert de nuages; aucune ruine, aucun vestige qui puisse faire soupçonner le voisinage de la ville des Papes. Les personnages qui se promènent dans cette contrée toute de fantaisie, sont aussi bien des Auvergnats que des Italiens.

Cette estampe porte un titre mensonger, et l'on doit s'en rapporter aux différents biographes de l'époque, qui affirment que Ruisdael n'a jamais copié que les environs d'Amsterdam.

Il faut donc mettre au nombre des racontars dont sont si prodigues certains écrivains, l'anecdote suivante, que l'un d'entre eux a racontée dans sa vie de Ruisdael :

« Un jour que Ruisdael et son camarade Berghem travaillaient ensemble dans la campagne de Rome, un des plus hauts dignitaires de l'Église les aperçut et s'approcha d'eux; il parut enchanté de leurs esquisses et leur promit sa protection.

» Les deux artistes avaient continué pendant plusieurs jours de suite leurs études dans ce lieu qui leur avait porté bonheur; mais au moment où, leur provision de couleurs achevée, ils se préparaient à emporter leurs études, des brigands les assaillirent et les dépouillèrent entièrement. Ils furent obligés de retourner à Rome en chemise et de recourir à l'hospitalité du cardinal, qui, leur ayant valu indirectement cette aventure, ne se montra point scandalisé du costume insuffisant de ses protégés et les aida généreusement de sa bourse. »

Cette aventure peut être vraie, mais assurément elle est arrivée à quelque autre peintre que notre artiste.

Ruisdael demeura pauvre toute sa vie; en courant après la poésie, il négligeait de poursuivre la fortune.

Le musée du Louvre possède plusieurs toiles de Ruisdael :

1° *La Forêt coupée par une rivière,* où viennent s'abreuver des bestiaux, peints par

Berghem. (Ce tableau a été acheté, en 1816, 30,000 fr.)

2° *Le Buisson.* (Estimé 12,000 fr.)

3° *Le Coup de soleil avec le moulin à vent.* (16,000 fr.)

4° *La Tempête.* (30,000 fr.)

On voit au Belvédère à Vienne :

1° *Une Partie de forêt, traversée par un ruisseau;*

2° *Un Paysage boisé.*

A la pinacothèque de Munich, neuf tableaux du maître, entre autres :

1° *Une Cascade;*

2° *Un Chemin escarpé, couvert d'arbres et de broussailles;*

3° *Un Effet de neige.*

A la galerie de Dresde :

1° *Un Village situé dans un bois;*

2° *Le Château de Bentheim;*

3° *Un Paysage,* connu sous le nom de la *Chasse de Ruisdael,* avec figures d'Adrien Van den Velde.

A Amsterdam :

1° *Une magnifique Cascade;*
2° *Un Paysage montueux.*

Au musée de La Haye :

1° *Une Cascade;*
2° *Un Rivage;*
3° *Les Environs de Harlem.*

Au musée de Berlin :

Intérieur de forêt.

Au musée de Madrid :

Intérieur d'un bois épais.

A Saint-Pétersbourg, à l'Ermitage :

1° *Une Route sablonneuse, suivie par un paysan accompagné de son chien;*
2° *Un Sentier dans les bois, sur les bords d'une eau dormante;*
3° *Un Paysage orné d'un hêtre* (l'arbre favori de l'artiste), *brisé par la foudre et tombé dans les eaux d'un torrent;*
4° *Un grand Chêne abattu.*

A Londres, dans la galerie de sir Robert Peel :

1° *Une Cascade;*
2° *Un Canal glacé.*

Dans la galerie de Bridgewater :

1° *Un Chemin creux;*
2° *Un Coup de soleil;*
3° *Une Écluse avec un pont;*
4° *Un Torrent fougueux.*

Dans la galerie de sir Abraham Hume, auteur d'un ouvrage sur *Le Titien :*

Un Champ de blé, orné d'un troupeau de vaches et de brebis, par Adrien Van den Velde.

Chez M. Sanderson, à Londres :

Les Ruines d'un château fort.

Chez le marquis de Lansdowne :

Une Tempête. (Payée 13,375 fr.)

Chez le marquis de Bute :

L'Intérieur de la nouvelle église d'Amsterdam, orné de figures de Wouwermans.

Ruisdael a signé presque toujours ses estampes et ses tableaux J. R. F.

SALOMON RUISDAEL

1616

Salomon, frère aîné de Jacques Ruisdael, a souffert de la célébrité de ce dernier; mais quelque inférieur qu'il ait été à son cadet, cette infériorité a été très exagérée. Ses paysages ne seront jamais comparés à ceux de son aîné, jamais ils n'ont eu la transparence argentée de ceux de son frère, ni le faire magistral qui distinguait cet artiste; mais il fut peut-être son égal dans les marines où l'entente de la perspective lui permit de reculer l'horizon, et de peindre sur de petites toiles une grande étendue de mer.

Il peignait ses marines avec infiniment de

talent, surtout lorsqu'il représentait les flots soulevés par la tempête.

La vie de Salomon Ruisdael est aussi peu connue que celle de son frère ; on sait seulement qu'il eut pour maître Jean Van Goyen, peintre d'un grand mérite qu'il n'arriva jamais à égaler.

Il est mort avant son frère, vers 1670, à l'âge de cinquante-quatre ans.

ADRIEN VAN DEN VELDE

1639 — 1672

C'est dans la ville d'Amsterdam qu'ADRIEN VAN DEN VELDE vint au monde, dans le courant de l'année 1639.

A peine commençait-il à savoir lire qu'il savait déjà peindre.

« A l'heure où il revenait de l'école, raconte Houbraken, il s'emparait des pinceaux de son frère, plus âgé que lui de six ans, et barbouillait d'une main infatigable les murailles et même les meubles de la maison paternelle. Les vaches, les moutons, les chèvres qu'il devait reproduire plus tard sur la toile avec une incomparable perfection servaient déjà de modèles à ses essais. »

Son père était peintre décorateur de navires, et il voyait avec peine son plus jeune fils dédaigner l'énorme brosse que lui-même avait maniée toute sa vie.

« Le bambin se figure qu'il aura du talent, se disait-il ; qui sait s'il en saura jamais autant que moi ! »

Un jour, cependant, Adrien s'étant avisé de peindre une laitière sur les planches mêmes du lit de son père, cette œuvre dépassait tellement toutes celles qu'on avait pu voir de lui jusqu'à ce jour que le vieux peintre en fut frappé. Il se demanda s'il devait contrarier plus longtemps une vocation qui paraissait sérieuse, et, après avoir pris conseil de ses amis, il se décida à conduire son fils chez Jean Winants, peintre en grande réputation à Harlem.

Cet artiste, en voyant les dessins du jeune garçon qu'on lui présentait, ne put s'empêcher de laisser paraître sa surprise, et sa femme, qui avait la prétention de s'y connaître, ne craignit pas de lui dire :

« Winants, mon cher Winants, vous pourriez bien avoir trouvé votre maître ! »

Au lieu d'éveiller chez Winants un sentiment

de jalousie, la prédiction de sa femme ne fit que l'enorgueillir d'avoir à guider un pareil élève.

Une fois dans l'atelier de cet artiste habile, Adrien Van den Velde fut promptement familiarisé avec toutes les difficultés de la peinture, et n'eut bientôt à recevoir des leçons que du maître qui a toujours quelque chose à enseigner : nous avons nommé la nature.

Jean Van den Velde devint non seulement un bon peintre d'animaux, mais encore un excellent paysagiste, et l'on ne s'attendait pas qu'en sortant de l'atelier d'un peintre du même genre, il passerait immédiatement à des tableaux d'histoire et peindrait pour une des églises romaines d'Amsterdam *une Descente de croix,* tableau d'autel très estimé. Il traita même sans interruption et avec succès plusieurs sujets tirés de la passion de Notre-Seigneur.

On juge par ces compositions que, si Adrien Van den Velde s'était livré exclusivement à l'histoire, il y aurait excellé comme il a fait dans le paysage.

Dans ses œuvres, toutes les beautés de la nature concourent à l'effet qu'il veut produire. Ses troupeaux paissent dans des prairies plantées d'arbres touffus, bordées de rivières, derrière lesquelles s'ouvrent de longues perspectives où se promènent sur le ciel des nuages légèrement moutonnés.

En examinant attentivement les tableaux de Van den Velde, on y remarque un mélange de grâce et de simplicité.

« On pourrait, dit Charles Blanc, mettre au bas de tous ses ouvrages ce mot sublime trouvé par les anciens pour exprimer l'idée qu'ils se faisaient de la nature : *Alma parens.* (Mère bienfaisante.) »

Van den Velde a toujours traité avec une supériorité incontestable les arbres que tant de peintres ont toujours considérés comme un écueil redoutable : le châtaigner à l'épais feuillage, le saule aux branches flexibles ou le tremble aux feuilles agitées.

Il savait, avec une égale habileté, prêter les formes les plus agréables aux masses touffues et faire circuler l'air à l'entour.

Si, au début de sa carrière, il a gravé quelques eaux-fortes qui laissent beaucoup à désirer, en 1670 il était dans toute la force de son talent.

« Rien, dit l'historien Bartsch, n'est à mettre au-dessus de ses dessins : la vérité du caractère de ses animaux, leurs attitudes, la justesse des muscles et la perfection des plus petits détails. »

Des talents généralement appréciés, des mœurs irréprochables et les qualités les plus rares ne firent qu'augmenter les regrets que causa sa mort prématurée. On le perdit le 21 janvier 1670, à peine âgé de trente-trois ans.

Il laissait une fille, qui a transmis verbalement à Houbraken le peu de renseignements que l'on possède sur la vie de son père.

A voir ses œuvres, on devine que son existence dut être remplie du calme que procurent les vertus privées.

Voici maintenant le jugement qu'a porté sur Van den Velde l'illustre amateur Gersaint :

« C'est le paysagiste dont le pinceau est le plus moelleux ; ses figures sont ordinairement naïves et bien dessinées; sa couleur est fondue et vigoureuse, et ses tableaux sont d'un accord parfait. C'est enfin le peintre le plus flatteur qu'il y ait pour les curieux qui s'attachent au beau travail et au fini. L'immensité de l'œuvre de Van den Velde semble indiquer qu'il était possédé de cette fièvre du travail qui précipite la fin des artistes qui doivent mourir jeunes. »

Adrien Van den Velde fut un des plus habiles graveurs à l'eau-forte de l'école hollandaise.

Nous ne citerons ici que ses plus belles productions :

Le Vacher et le Taureau, — *la Vache couchée,* — *les Trois Bœufs,* — *les Deux Vaches et le Mouton,* — *le Bœuf dans l'eau,* — *le Cheval,* — *le Veau.* (A une petite distance, vers la droite, se trouve un tronc d'arbre renversé, à la coupure duquel on lit en lettres retournées : A. V. Velde F. 1659.)

La Vache et les Deux Moutons au pied d'un arbre. (Chef-d'œuvre du maître.)

Le Berger et la Bergère avec leur troupeau, — *la Porte du bourg.* (Daté de 1663.)

Halte de chasseurs, — *le Paysan et la Paysanne,* — *le Paysan à cheval.* (Ce dernier morceau est le plus rare de l'œuvre.)

Le musée du Louvre possède six toiles de Van den Velde :

1° *Le Soleil levant*, un troupeau de bœufs et de moutons sur le bord d'une rivière. (Estimé sous l'empire 36,000 francs.)

2° *Un Paysage couvert de troupeaux.* (Estimé 15,000 francs sous la Restauration.)

3° *La Plage de Schevelingen.* (Estimé 18,000 francs.)

4° *Le Pâtre et sa Femme.*

5° *Paysage avec animaux.*

6° *Les Amusements de l'hiver.*

Le Belvédère de Vienne ne renferme qu'un seul tableau du maître. Il représente *un Paysage avec un petit troupeau, près d'un ruisseau.*

Au musée de Munich, on peut voir cinq ou six tableaux de Van den Velde, représentant, à quelques changements près, ses sujets favoris.

A Dresde, dans la galerie royale, on n'en compte qu'un seul :

Des Animaux dans une prairie.

A Amsterdam, il y en a deux :

1° *Un Paysage.* On y voit une femme assise sur un cheval et un pâtre monté sur un âne, des moutons, un chien, et, sur une rivière, une barque transportant des hommes et des bestiaux.

2° *Le Village.* Devant une chaumière, on voit

une villageoise assise, plusieurs groupes de vaches et de moutons, plus un homme monté sur un cheval blanc. (Ce tableau est d'une grande délicatesse de touche.)

Dans le cabinet de sir Robert Peel, à Londres, se trouvent deux ouvrages de la meilleure époque du maître :

1° *La Basse-Cour*. Un pâtre et une fille de ferme, cinq vaches, deux porcs et divers oiseaux dans une cour.

2° *Un Canal glacé*. (Ce dernier tableau a été gravé par Oliamet.)

Chez le marquis de Westminster, à Grosvenor-House, une des plus célèbres galeries de l'Angleterre, on remarque un délicieux tableau du peintre hollandais, exécuté en 1658, alors que l'auteur avait à peine dix-neuf ans. Il représente *des vaches, des porcs, des brebis, de la volaille, un homme et deux femmes.*

Dans la collection de M. T.-H. Hope se trouve *une Prairie*. On y voit des vaches, des chevaux et des pâtres.

A Pall-Mall, dans la galerie privée de

Georges IV, se trouve *un Paysage*. Il est orné de deux vaches debout et d'une chèvre qui s'abreuve; au fond, une femme qui puise de l'eau s'entretient avec un homme monté sur un cheval blanc. (Ce tableau porte la date de 1659.)

Une foule d'autres tableaux de Van den Velde ont figuré dans diverses ventes et ont atteint des prix très élevés.

FIN

TABLE

Introduction.	v
Rembrandt (1606 — 1674).	9
Jean Lievens, élève de Rembrandt (1607).	41
Ferdinand Bol, élève de Rembrandt (1611 — 1681).	46
Gérard Dow, élève de Rembrandt (1613 — 1666).	52
Gewaert Flinck, élève de Rembrandt (1615 — 1660).	67
Gerbrant Van den Eickhout, élève de Rembrandt (1621 — 1674)	76
Samuel Van Hoogstraeten, élève de Rembrandt (1627 — 1678).	84
Nicolas Maas, élève de Rembrandt (1632 — 1693).	90
Albert Cuyp (1606 — 1661).	99
Adrien Brauwer (1608 — 1640).	111
Gérard Terburg (1608 — 1681).	127
Jean Winants (1610 — 1680).	139
Adrien Van Ostade (1610 — 1685).	147
Gabriel Metsu (1615 — 1669).	158
Philippe Wouwermans (1620 — 1668).	169

TABLE

Pierre et Jean Wouwermans (1625 — 1683 = 1629 — 1666).   179

Nicolas Berghem (1624 — 1683).   183

Paul Potter (1625 — 1654).   193

François Miéris (1635 — 1681).   203

Jacques Ruisdael (1636 — 1681).   219

Salomon Ruisdael (1616).   232

Adrien Van den Velde (1639 — 1672).   234

— Lille. Typ. J. Lefort. 1889 —

A LA MÊME

Envoi franco contre mandat ou timbres-poste.

Les Vernet : Joseph, Carle et Horace, peintres de l'École française ; par Éd. de Lalaing. in-8°. 1 50

Watteau et Greuze, peintres de l'École française : Histoire de ces deux grands artistes ; par le même. 1 25

Rubens et Van Dyck : Histoire de ces deux peintres célèbres ; par le même. in-8°. 1 25

Histoire des quatre grands peintres de l'École espagnole : Ribera. — Zurbaran. — Vélasquez. — Murillo ; accompagnée de Notices sur leurs principaux élèves ; par le même. in-8°. 1 25

Peintres les plus célèbres ; par M. de Montrond. in-12. . . . . » 85

Le Corrège ; par Mme Grandsard. in-12. . . » 60

Hippolyte Flandrin, peintre ; par M. de Montrond. in-12. . . . . » 60

Ingres : Étude biographique et historique ; par le même. in-12. . . . . » 60

Le Dominiquin, suivi d'une Notice sur Léonard de Vinci ; par A. Grandsard. in-12. . . . . » 60

Nicolas Poussin, sa vie et ses œuvres ; par L. Poillon. in-12. . . . . » 60

Raphaël Sanzio ; par J. E. Roy. in-12. . . » 60

Les trois Carrache ; par Mme Grandsard. in-12. » 60

Lille. — Imp.-Typ. J. Lefort.

www.ingramcontent.com/pod-product-compliance
Lightning Source LLC
Chambersburg PA
CBHW060131170426
43198CB00010B/1128